DE NIÑO REFUGIADO CUBANO
A EMBAJADOR AMERICANO
EN EL REINO DE ESPAÑA

EDUARDO AGUIRRE

COLECCIÓN
EMILY DICKINSON

ÍNDICE

PRÓLOGO

PRÓLOGO

Coincidí con el embajador Eduardo Aguirre en el vigésimo octavo Foro de la Fundación Consejo España-Estados Unidos, celebrado en Santander a comienzos de julio de 2025. Ninguno de los dos recordábamos la última vez en que nos vimos desde que él abandonara la cancillería estadounidense en España en 2009. El reencuentro fue una oportunidad grata para retomar la conversación desde un plano más humano que académico y/o diplomático y acordamos vernos en la cafetería del hotel donde nos alojábamos, tras las sesiones de aquel día.

Así fue, y recordamos viejos tiempos hablando sin prisas ni corbatas. Tere, su esposa, se apellida Peralta, nombre del pueblo navarro vecino al mío, como mencioné por enésima vez. Durante la charla, Aguirre me contó con orgullo que había publicado una biografía de su vida en Arte Público Press, la prestigiosa editorial fundada por mi buen amigo Nicolás Kanellos, con quien él también mantiene una entrañable amistad. La noticia me alegró especialmente, pues el Instituto Franklin-UAH lleva tiempo colaborando con Arte Público en la traducción al español y publicación de novelas de autores hispanos en Estados Unidos, cuya obra es de una calidad literaria indudable, pero que no suelen encontrar espacio en las grandes editoriales comerciales. Esa labor conjunta nos ha permitido dar voz para los lectores en español a una literatura que enriquece el panorama cultural hispano.

Conversando sobre su biografía, surgió de manera natural la idea de publicarla también en España. Aguirre, siempre atento y generoso, me entregó un ejemplar del libro con una entrañable dedicatoria. Lo leí de inmediato y me vi atrapado en el testimonio eminentemente humano de quien vivió en primera persona el exilio, las penurias y el ascenso profesional. En cierta forma, el protagonista del libro encarnaba el mito del hombre hecho a sí mismo en la tierra de las oportunidades. Pero en su biografía había algo más, su historia no solo narraba la trayectoria de aquel niño que llegó a Estados Unidos desde Cuba con una simple maletita y terminó convirtiéndose en embajador; el libro resultaba especialmente interesante para los españoles por ofrecer la perspectiva de quien desempeñó el máximo cargo de autoridad de los Estados Unidos en España en uno de los momentos más delicados y difíciles de las relaciones de nuestro país con Estados Unidos.

El bullicio en el *hall* del hotel nos hizo ver que el tiempo había pasado volando en tan animada conversación. Debíamos apresurarnos para acicalarnos y unirnos al grupo, pues nos esperaba la cena presidida por don Felipe VI en el casino de la ciudad y en la que, siendo 4 de julio, se conmemoraba también la independencia de Estados Unidos. En apenas un par de minutos acordamos que el Instituto Franklin-UAH se haría cargo de la versión española: la mediación de Nicolás Kanellos facilitaría cualquier gestión relativa a derechos de publicación; respecto a la traducción, Aguirre se ofreció a realizarla él mismo, convencido de que nadie podría expresar mejor los matices de su propia historia.

Su biografía trasciende el testimonio personal de un niño alejado de su tierra natal que, con esfuerzo y determinación, logró convertir la adversidad en una historia de éxito. Aguirre tiene una memoria verdaderamente portentosa y cada episodio parece haber sido grabado en su mente con la precisión de una película. Recuerda con fidelidad fotográfica los detalles de su vida, los nombres, las fechas y las circunstancias de los mínimos detalles más allá de que resultaran intrascendentes o marcaron su destino. En sus evocaciones, el pasado cobra vida con una nitidez casi cinematográfica, como si cada recuerdo permaneciera intacto en el tiempo, protegido por la lucidez de una mente deslumbrante. A través de sus recuerdos, el protagonista nos invita a reflexionar sobre la fuerza del exilio y la capacidad del ser humano para reinventarse sin olvidar sus raíces. La suya es la historia de un niño cubano quien, tras perder su país, encontró una nueva patria llevando siempre a la primera en el corazón, narrando su viaje desde niño exiliado hasta embajador de la nación más poderosa del mundo, con tanta emoción y sentimiento como rigor y fidelidad a los acontecimientos.

"Mi hermano y yo nacimos en una familia grande y cariñosa, rodeados de abuela, tías, tíos y primos. Nuestros padres eran los menores de doce hermanos. Mi adolescencia en Cuba fue feliz y tranquila, protegida por una familia unida que vivía mayormente en La Habana". Son las primeras líneas de la biografía, dejando entrever la nostalgia de una infancia marcada por el afecto y la estabilidad familiar. A través de su memoria, el lector se adentra en la Cuba de los años cincuenta, con sus tradiciones y la calidez de una familia extensa en la que todos se conocían y ayudaban dejando pasar los días con la cadencia y tranquilidad que proporcionaba la agradable rutina.

En ese preciso momento, el embajador Aguirre se quita el rimbombante y protocolario bicornio dorado de diplomático y se convierte en Eduardo, describiéndose a sí mismo como un niño inquieto, alegre y algo travieso, de esos que prefieren la risa al esfuerzo académico. "Prefería hacer el payaso", recuerda, confesando que las matemáticas y las ciencias nunca fueron su fuerte y que en más de una ocasión apenas lograba aprobar los exámenes. Sin embargo, en esa actitud juguetona se adivina ya el carácter abierto, sociable y optimista que marcaría su vida adulta.

Aquella vida apacible se vio bruscamente interrumpida por el triunfo de la Revolución cubana en 1959, un acontecimiento que transformó para siempre el destino del país y el de millones de familias. La llegada del nuevo régimen de Fidel Castro despertó el miedo y la incertidumbre en muchas familias ante los rumores de que el Estado asumiría la patria potestad de los menores para enviarlos a escuelas controladas por el gobierno. Fue entonces, entre 1960 y 1962, cuando el gobierno de Estados Unidos, la Iglesia católica americana y diversos grupos anticastristas, temerosos del adoctrinamiento ideológico de los más pequeños, organizaron un programa secreto bautizado como Operación Pedro Pan. Mediante ese programa unos catorce mil niños y adolescentes, de entre seis y dieciocho años, abandonaron la isla rumbo a Estados Unidos. El coste emocional fue enorme, se les separaba de sus familias sin saber si volverían a reunirse, incluso volver a verlos, en el futuro. Los menores fueron acogidos en su mayoría por instituciones religiosas católicas, especialmente en Miami, donde se improvisaron albergues y escuelas bajo la supervisión de las diócesis locales y organizaciones de caridad. Uno de estos exiliados fue el pequeño Eduardo, quien, con una simple maleta y una gran dosis de incertidumbre, tomó un avión ignorante de que aquel viaje, todavía sin retorno, cambiaría el rumbo de su vida.

Entre los pilares fundamentales de esa vida está María Teresa Peralta Ferro, "Tere", su esposa. Al igual que él, fue una de las niñas de la Operación Pedro Pan; sin embargo, Tere destacó por ser una "excelente estudiante y notable deportista", y su carácter firme y determinación inquebrantable marcó profundamente el destino de Aguirre. Tere ha sido y es bastante más que esposa y madre de sus hijos; también desempeña tareas de consejera y, sobre todo, sostén emocional. Teniendo la misma historia, la relación entre ambos se cimentó en una profunda complicidad y en un respeto mutuo que trascendía lo sentimental. Eduardo no tomó una sola decisión importante sin contar con su aprobación. Fue ella, por ejemplo, quien le impuso la condición de terminar los abandonados estudios universitarios si quería contraer matrimonio. Según se desprende de lo escrito, fue gracias a Tere por lo que Aguirre inició una trayectoria que lo llevaría, años después, a ocupar cargos de responsabilidad institucional.

Con el tiempo, Aguirre fue dejando atrás el modo de vida cubano y asimilando su identidad como ciudadano estadounidense. No llegó a participar en la guerra de Vietnam, pues un examen médico lo eximió del servicio. En cualquier caso, luchaba su guerra particular enfrentándose a las dificultades económicas e idiomáticas que le suponía el inglés, obstáculos que superó con disciplina y determinación hasta graduarse y comenzar su carrera en el sector bancario. Su innato talento social dio sus frutos ganándose el respeto de sus colegas y el reconocimiento institucional, y comenzó a ascender en el organigrama financiero. Tal fue así, que llegó a formar parte de la Junta de Regentes del Sistema Universitario de Houston. El banco en el que comenzó a trabajar creció y absorbió otras corporaciones, transformándose con el tiempo en el Bank of America, una de las entidades financieras más importantes de Estados Unidos.

Fue en ese entorno donde conoció a George H.W. Bush, quien al iniciar su carrera política decidió confiar a Eduardo Aguirre la gestión de las finanzas familiares. Así, mucho antes de que los Bush alcanzaran notoriedad política, Aguirre se convirtió en el banquero personal de la familia Bush. Cuando el hijo George W. Bush siguió los pasos del padre dedicándose también a la política, Aguirre era para ellos algo más que asesor financiero, se había convertido en amigo cercano y persona de confianza. Su proximidad a la familia le apartó del sector privado para ocupar puestos administrativos en el gobierno federal. Con Bush Sr. formó parte de la Comisión Nacional de Política de Empleo y con Bush Jr. colaboró en misiones internacionales, en el Departamento de Seguridad Nacional y, finalmente, como director del USCIS (Servicio de Ciudadanía e Inmigración) para encargarse de temas migratorios que conocía de primera mano.

Su nombramiento como embajador de Estados Unidos en España en 2005 tuvo una buena dosis de sorpresa, pero aceptó el desafío con entusiasmo. En su encuentro con el presidente George W. Bush en el Despacho Oval, apenas tres días antes de viajar a Madrid, recibió una instrucción directa y clara: "Nuestra relación con España tiene que mejorar... eso lo arreglarás".

El escenario diplomático era complejo y delicado cuando Eduardo Aguirre llegó a España como máximo responsable de la diplomacia estadounidense en aquel 2005. Las relaciones entre Estados Unidos y España atravesaban un momento de frialdad tras la retirada de las tropas españolas de Irak en 2004, decisión tomada unilateralmente por el gobierno de José Luis Rodríguez Zapatero sin coordinarse con los aliados. A ello se sumaba el incidente simbólico un año antes, cuando el entonces líder socialista en la oposición no se levantó al paso de la bandera estadounidense durante un desfile militar, gesto que en Washington fue interpretado como una muestra de desprecio. Era en ese contexto en el que Aguirre debía reconstruir los lazos de confianza y cooperación entre ambos países.

El recibimiento protocolario en el Palacio Real lo impresionó profundamente. Acostumbrado al estilo práctico y sobrio de la política estadounidense, le resultaba sorprendente el boato ceremonial europeo con los coches de caballos y lacayos de librea en el acto de presentación de credenciales. Ni él ni Tere terminaban de creer que aquello fuera real. Sin embargo, pronto comprendieron que la tradición monárquica no era simple ostentación, sino parte esencial de la historia y la identidad cultural de España.

El rey lo recibió con cortesía y amabilidad, y desde ese primer encuentro se estableció una relación basada en el respeto mutuo y en la admiración personal. Aguirre recordaría más tarde que el monarca le impresionó por su serenidad y su conocimiento profundo de la realidad internacional. Esa buena sintonía se extendió a toda la familia real, con la que Aguirre y su esposa mantuvieron un trato cercano y sincero durante toda su estancia.

Cuando se entrevistó con el presidente Rodríguez Zapatero, Aguirre encontró a un interlocutor distinto del que imaginaba. Lejos de las tensiones mediáticas, lo percibió como una persona cercana, reflexiva y abierta al diálogo. A pesar de las diferencias políticas entre sus gobiernos, ambos coincidieron en la necesidad de mantener canales de comunicación sólidos y en la conveniencia de reforzar los lazos económicos y culturales. Menos elocuente se muestra al hablar de sus encuentros con los líderes de la oposición; en cualquier caso, sus conversaciones con figuras destacadas de la política española se desarrollaron en un tono correcto y respetuoso dentro de los límites puramente diplomáticos. Su cometido fundamental era mantener abiertos los canales de comunicación en un contexto en el que la relación bilateral exigía tacto y equilibrio. Sí muestra cierta incomodidad al recordar cómo algunos medios de comunicación manipularon o distorsionaron sus declaraciones sacándolas de contexto. Especialmente al recordar las filtraciones en WikiLeaks de sus comunicaciones confidenciales con Washington, confesando: "Me mortificaba leer en los medios públicos los mensajes que habían sido destinados al consumo confidencial de funcionarios del gobierno en Washington, D.C.". En cualquier caso, no rehúye reproducir sus observaciones y opiniones más sangrantes sobre los políticos del momento.

La estancia en España fue para los Aguirre más que una etapa profesional. Recorrieron buena parte del país y quedaron cautivados con la calidez de su gente. Recuerda con especial cariño la recepción en Peralta a Tere, la señora Peralta, donde se sintieron acogidos con afecto y cariño… como en el resto de España. El fin de la segunda presidencia de Bush Jr. marcó también el fin de su carrera política y misión diplomática en España. En el avión que lo llevaba de vuelta a Estados Unidos pensó que "Nuestra relación [entre EE.UU. y España] era productiva, había madurado y se centraba en promover nuestros intereses comunes. Recordando las instrucciones que me dio el presidente Bush en el Despacho Oval, me sentí seguro al declarar: 'misión cumplida'".

José Antonio Gurpegui
Director del Instituto Franklin-UAH

1. Adiós, Cuba

Mi hermano y yo nacimos en una familia grande y cariñosa, rodeados de abuela, tías, tíos y primos. Nuestros padres eran los menores de doce hermanos. Mi adolescencia en Cuba fue feliz y tranquila, protegida por una familia unida que vivía mayormente en La Habana. Los fines de semana nos reuníamos en casa de mi abuela Matilde, donde los adultos conversaban en mecedoras y los niños jugábamos entre cocoteros, mangos y aguacates. Aquellos días eran un verdadero paraíso. La alegría de las reuniones familiares y nuestras tradiciones siguen siendo un lazo que nos une con el tiempo. Los domingos visitábamos a las hermanas de mi padre, "Las Muchachitas", mujeres amables y muy queridas. En su casa se celebraban tertulias familiares mientras los primos llegaban poco a poco. Mi hermano y yo permanecíamos sentados con educación, recibiendo dulces y pequeños regalos, e incluso algunas monedas de plata que guardaba con orgullo en mi alcancía rosa. Nunca llegué a disfrutar de aquel pequeño tesoro, pero conservo el recuerdo de aquellos días llenos de cariño, respeto y unión familiar.

De niño tuve una relación muy cercana con mi primo Mauro Fernández; nacimos con pocas semanas de diferencia y nuestras madres eran inseparables. Su familia vivía con comodidad, y mi tío "Ché" y la tía Angelita poseían una hermosa mansión en la playa de Jibacoa, donde pasé veranos inolvidables nadando con Mauro y observando a su hermano Chico, apasionado pescador que más tarde alcanzó fama internacional. Mis padres eran socios del Club Náutico de Marianao, un lugar con playa, piscina olímpica y canchas deportivas. Allí pasaba mis días nadando, zambulléndome desde el muelle y jugando al squash cubano, un juego rápido y único. Bajo el sol tropical, mi piel se mantenía bronceada todo el año. Durante algunos veranos alquilábamos un pequeño apartamento cerca del club, donde mi hermano y yo disfrutábamos de una vida sencilla y feliz que aún recordamos con nostalgia.

Imagen 1. Eduardo Aguirre (con sombrero de piel de mapache) y su primo y amigo Mauro Fernández en La Habana, Cuba (1956).

Nuestro hogar estaba en el barrio de Santo Suárez, una tranquila zona de clase media donde todos se conocían. Mis amigos del barrio —Sixto, Mayito y Manny— eran también mis compañeros de escuela y, con el tiempo, compañeros en el éxodo de Pedro Pan. Jugábamos a las canicas, a la pelota callejera y a los trompos, siempre atentos a los niños de otros barrios que podían robarnos el juego. En mi tiempo libre veía series del oeste y programas de radio llenos de aventuras. En casa, mis padres preferían la música clásica y las zarzuelas, y solíamos ver películas musicales de Hollywood o de artistas hispanos. Disfrutaba leyendo *Selecciones* y los "muñequitos" cubanos. En mi adolescencia, mi amigo Joaquín recibió una motoneta verde, y juntos recorríamos La Habana. Aunque era peligrosa, nos divertíamos mucho. Tras una caída, comprendí los riesgos y decidí no volver a montar una motocicleta.

Imagen 2. Eduardo Aguirre, sus padres y su hermano Luis Gustavo en La Habana, Cuba (1954).

Mi padre, Eduardo Lino Aguirre León, era un hombre reservado, de pocas palabras, pero profundamente afectuoso. Le costaba mostrar sus emociones, aunque su cariño se percibía en los gestos cotidianos y en su constante preocupación por nuestra educación y bienestar. Mi madre, Altagracia Estrella Reyes Pérez, era todo lo contrario: extrovertida, segura de sí misma, firme y amorosa. Era el alma del hogar, una mujer enérgica que no toleraba la falta de respeto, pero que también sabía recompensar la obediencia con ternura. En casa reinaban el respeto, la calma y la armonía; nunca se oían gritos ni malas palabras. Mi hermano y yo crecimos en un ambiente cálido, lleno de afecto, donde la disciplina se equilibraba con el cariño.

Nuestra casa en Santo Suárez era fresca y acogedora, con techos altos y un portal con columpio desde donde charlábamos con los vecinos al atardecer. En el patio jugábamos al fútbol y hacíamos pequeños experimentos bajo el sol del Caribe. Yo era delgado, lleno de energía y algo quisquilloso para comer, lo que a menudo causaba disputas con Mami. Recuerdo una vez que tiré un trozo de carne por la ventana para evitar comerlo; al descubrirlo, mi madre me dio una lección que jamás olvidé. Papi era copropietario de Fresneda y Aguirre, una empresa importadora de textiles y whisky escocés. Cada mañana tomaba el autobús hacia su oficina en La Habana Vieja, donde trabajaba con dedicación, orgullo y una honestidad que siempre admiré.

Papi fue siempre un ejemplo de integridad, buenos modales y una ética inquebrantable. En la familia se contaba con orgullo cómo rechazó varias veces ofertas corruptas de funcionarios del gobierno cuando trabajaba como asistente del ministro de Finanzas. Su negativa a participar en aquel plan ilícito le costó el desprecio de algunos, pero ganó el respeto de todos los que conocían su rectitud. Era un hombre elegante y discreto, siempre bien vestido, pero sin buscar llamar la atención. Esperaba de sus hijos la misma honestidad y buen comportamiento, y nos corregía con firmeza si perdíamos las formas. Esas lecciones quedaron grabadas en mí para siempre.

A Papi no le interesaban los deportes, algo poco común en Cuba, y nunca me llevó a un partido de béisbol, lo que para muchos habría sido impensable. Mami, en cambio, era activa, enérgica y llena de talento. Se encargaba de todo en casa con dedicación y gusto. Era una costurera excepcional: con su máquina Singer confeccionaba vestidos de novia, arreglaba ropa para familiares y amigos, y nunca aceptaba dinero a cambio. Su generosidad era tan grande como su habilidad. En casa, ella era la autoridad en los asuntos domésticos; Papi aportaba el sustento y el respeto, pero Mami mantenía el equilibrio y la armonía familiar.

Las comidas eran momentos sagrados. Nos reuníamos cada mediodía para disfrutar de los platos tradicionales cubanos y españoles que Mami preparaba con esmero: fabada, paella o bacalao al pilpil. Aquellas comidas en familia son, aún hoy, uno de mis recuerdos más entrañables.

Pasaba horas agradables con mi padre, a pesar de su desinterés por los deportes; algunos sábados nos llevaba a mi hermano y a mí al bullicioso Puerto de La Habana. Desde allí cruzábamos la bahía en la Lanchita de Regla, tomábamos el tranvía hasta el pueblo y paseábamos por sus rincones coloniales antes de regresar a La Habana Vieja para comer algo. Esos pequeños viajes de los tres son recuerdos preciados.

Asistí a colegios católicos desde preescolar hasta la secundaria —el Colegio Nuestra Señora del Pilar y luego los Escolapios de la Víbora— y caminábamos juntos las dos cuadras hasta la escuela. Nunca fui buen estudiante: prefería hacer el payaso, era regular en lenguas y humanidades, pero flojo en matemáticas y ciencias, y muchas veces apenas aprobaba. Mis padres, preocupados, contrataron tutores y me mandaron a cursos de verano, pero yo seguía leyendo historietas a escondidas.

En el primer año de bachillerato tuve problemas con una pandilla de chicos mayores. Sus bromas y empujones se convirtieron en acoso cotidiano hasta que un día Orlando García me golpeó en la cara delante de todos. Humillado y harto, le perseguí por el patio blandiendo una pequeña navaja que había tomado prestada; él salió corriendo. Lamentablemente, un sacerdote vio la escena y nos llevaron a la dirección. Me enviaron a casa y tuve que regresar con mi madre, consciente de que mi acto era grave y de que podía costarme la expulsión. Ese episodio quedó grabado en mi memoria como una lección sobre el orgullo, la ira y las consecuencias de actuar impulsivamente.

Mami se sorprendió al verme regresar a casa en pleno horario escolar. Al verme tan alterado, me hizo sentar en el sofá, me ofreció un vaso de agua y me pidió que respirara hondo antes de explicarle lo ocurrido. Entre sollozos le conté todo: el acoso constante de Orlando García, la humillación sufrida y cómo había terminado persiguiéndolo con una pequeña navaja. Escuchó en silencio, con atención y paciencia. Cuando terminé, me miró con seriedad y me dijo que entendía mi rabia, pero que la violencia nunca era una solución, solo un recurso desesperado. Me recordó que amenazar a alguien con un arma era indigno de nuestra familia y se mostró más decepcionada por no haber sabido antes lo que estaba ocurriendo. Le prometí no volver a actuar de ese modo.

Luego me acompañó al colegio. Mientras yo esperaba fuera, habló con el rector, quien me recibió con severidad, aunque sin castigo. Dijo que esperaba mi arrepentimiento y que advertiría al abusador para que cesaran las molestias. Más tarde, Mami me contó que había defendido mi causa, denunciando la pasividad del colegio ante el acoso. Desde ese día, nadie volvió a molestarme. Años después, sigo recordando aquel episodio como una lección dolorosa sobre la ira, la vergüenza y la decepción que provoqué en mi madre.

En 1959, durante los últimos días del régimen corrupto del dictador Fulgencio Batista y el inicio de la Revolución Castro, Cuba se encontraba en lo que parecía un caos constante, especialmente en el ámbito educativo. En aquel entonces, yo estaba a mediados de mi segundo año y pronto iba a comenzar el tercero de bachillerato. En Cuba, el ciclo de bachillerato consta de cinco años, así que, según los estándares estadounidenses de cuatro años de escuela superior, estaba entre el segundo y el penúltimo año. Desafortunadamente, debido a las perturbaciones causadas por la inestabilidad política, nunca llegué a terminar el tercer año. En aquella época, estudiantes de último año, agitadores estudiantiles universitarios y varios sindicatos poniéndole presión al gobierno convocaban constantemente huelgas escolares generales, amenazando con violencia si las escuelas no cerraban. A su vez, las escuelas, temiendo represalias, permitieron que esas amenazas tuvieran buen éxito, así cortando la educación académica de niños como yo.

2. La Revolución Cubana

La noche del 31 de diciembre de 1958, el dictador cubano Fulgencio Batista huyó precipitadamente a la República Dominicana ante el avance imparable de los frentes revolucionarios. Su partida repentina dejó un vacío de poder que, durante unos días, fue disputado por diversos grupos rebeldes. Finalmente, el Movimiento 26 de Julio, liderado por Fidel Castro, se impuso y tomó el control del país, marcando el inicio de una nueva etapa en la historia de Cuba. El 8 de enero de 1959, Castro y sus tropas entraron triunfalmente en La Habana, recibidos con júbilo por multitudes que creían en la promesa de un futuro más justo, libre y honesto. Mi familia y yo compartíamos ese entusiasmo, convencidos de que el nuevo gobierno pondría fin a la corrupción del pasado.

Sin embargo, la euforia se desvaneció pronto. En poco tiempo, Castro se alejó de las promesas democráticas y abrazó abiertamente el socialismo, consolidando una estrecha alianza con la Unión Soviética y distanciando a Cuba de Estados Unidos. Para justificar su política, señaló al "imperialismo estadounidense" como el gran enemigo de la nación, un discurso que el régimen ha mantenido durante más de seis décadas.

Otro de sus blancos fue la Iglesia católica. Considerándola una amenaza a su poder, Castro nacionalizó sus escuelas, censuró sus publicaciones y expulsó a cientos de sacerdotes y monjas extranjeros. Como estudiante en una escuela católica, viví de cerca ese enfrentamiento, lo que despertó en mí una creciente desconfianza y rechazo hacia el régimen comunista. Con las clases suspendidas, me involucré en el Directorio Revolucionario Estudiantil (DRE), un movimiento clandestino juvenil que soñaba con una invasión estadounidense que derrocara a Castro y restaurara la democracia.

En nuestras reuniones secretas, llenas de misterio y fervor juvenil, creíamos recibir entrenamiento militar, aunque en realidad solo distribuíamos propaganda anticastrista en lugares públicos. Pronto, la realidad se impuso: varios compañeros fueron arrestados, golpeados y torturados. Al ver a uno de ellos, transformado y sin vida en la mirada, comprendí el peligro en el que estábamos. El miedo sustituyó la emoción inicial, y entendí que mi seguridad y la de mi familia estaban en juego.

Esa sensación se confirmó el 17 de abril de 1961, cuando una brigada de 1.200 exiliados cubanos, entrenados en Guatemala por Estados Unidos, desembarcó en Playa Girón, en la bahía de Cochinos. Sin embargo, el presidente John F. Kennedy retiró a última hora el apoyo militar prometido, dejando a los invasores a su suerte. El resultado fue un desastre: más de cien murieron y el resto fueron capturados. Para Castro, fue una victoria rotunda que consolidó su poder y reforzó la narrativa de resistencia frente al enemigo estadounidense; para muchos cubanos, en cambio, fue el fin de la esperanza.

El gobierno cubano intensificó sus campañas ideológicas, promoviendo una ambiciosa alfabetización rural que enviaba a miles de adolescentes urbanos, sin formación alguna, a las zonas campesinas para enseñar a leer y escribir. Muchos fueron presionados a participar, separados de sus familias durante meses. Al mismo tiempo, el régimen reclutaba a jóvenes de quince años para integrar brigadas comunistas paramilitares, donde aprendían ejercicios de marcha y prácticas militares con la supuesta finalidad de defender la isla ante una inminente invasión estadounidense. La creciente militarización del país y las historias de familias divididas incrementaban la angustia en nuestro hogar.

En ese ambiente de miedo y control, la preocupación de mis padres por mi seguridad, debido a mis vínculos con el DRE, se transformó en una decisión inevitable: abandonar Cuba. En la primavera de 1961, acudimos a solicitar permisos de salida, un proceso incierto y arbitrario. Días después, un funcionario del gobierno llegó a nuestra casa para realizar un inventario minucioso de todas nuestras pertenencias: ropa, muebles, utensilios, electrodomésticos, hasta los cuadros en las paredes. Nos advirtió que, si no regresábamos en un plazo de 90 días, la vivienda y todo su contenido serían confiscados por el Estado. Era una forma de intimidación destinada a frenar la creciente ola de cubanos que buscaban escapar del país.

Aun así, mis padres mantuvieron la esperanza de que yo lograra salir primero. Finalmente, el 4 de diciembre de 1961, me otorgaron el permiso. Tres días después, me despedí de mi familia y partí solo de Cuba como "menor no acompañado". Aquel momento fue desgarrador y, al mismo tiempo, profundamente liberador: sabía que dejaba atrás mi hogar, pero también que comenzaba una nueva vida lejos del miedo.

Mis padres se enteraron de un programa para niños cubanos no acompañados, más tarde conocido como Operación Pedro Pan, aunque yo ignoraba por completo su existencia y lo que implicaba. El programa, impulsado por el Catholic Welfare Bureau de Miami bajo la dirección de monseñor Bryan O. Walsh y con apoyo del gobierno estadounidense, permitía la entrada legal a Estados Unidos mediante una exención de visa, brindando refugio temporal a menores cuyos padres temían por su futuro bajo el nuevo régimen.

Después de recibir el telegrama con la autorización de salida, los tres días siguientes fueron un torbellino de preparativos. Papi y yo recorrimos la ciudad buscando permisos, actas de nacimiento, boletos de Pan American Airlines y otros documentos necesarios, mientras Mami, con una mezcla de nerviosismo y ternura, organizaba mi equipaje con meticuloso cuidado. Tenía una estricta limitación de 30 kilos y una lista oficial de objetos permitidos. Dinero, joyas o cualquier bien de valor estaban prohibidos, así que partí con una sola moneda de diez centavos en el bolsillo "por si acaso". Nunca la usé y, con el tiempo, la perdí.

La noche anterior a mi partida, Mami me preparó huevos poché y me los dio de comer con una serenidad fingida; Papi, intentando disimular la emoción, me ofreció consejos que apenas recuerdo. Al amanecer, los cuatro tomamos un taxi hacia el aeropuerto. Todos íbamos vestidos como si asistiéramos a una misa: Mami con un pañuelo cubriéndole el cabello y gafas oscuras para ocultar las lágrimas; Papi con el rostro tenso y la voz quebrada; mi hermano Luis Gustavo, demasiado joven para comprender del todo la gravedad del momento.

Cuando llamaron mi vuelo, mis padres me acompañaron hasta un salón de espera rodeado de cristales, conocido como "La Pecera". A través del vidrio podía verlos a pocos pasos de distancia, pero no oírlos; nos comunicábamos con gestos, sonrisas forzadas y miradas llenas de miedo y amor. Fue un instante suspendido en el tiempo, un adiós silencioso que aún puedo revivir. Entonces desvié la vista hacia los soldados que custodiaban el lugar, con sus metralletas colgando del hombro, y me invadió una duda aterradora: ¿me permitirían realmente marcharme de Cuba?

Mientras aguardaba mi turno ante el oficial de inmigración, observé con horror cómo un niño, que no tendría más de ocho años, era apartado de la fila y llevado tras una cortina mal cerrada. Allí, los soldados lo registraron minuciosamente, lo cachearon y lo obligaron a desnudarse. Sentí un miedo paralizante, convencido de que yo sería el siguiente. Aunque no me ocurrió nada, la escena me dejó una huella imborrable y una sensación de vulnerabilidad que aún recuerdo con nitidez.

Poco después, una azafata de Pan American, perfectamente uniformada, me tomó de la mano y me condujo hacia el avión. Antes de subir, miré hacia la terraza del aeropuerto y vi a Mami, Papi y mi hermano Luis Gustavo saludándome frenéticamente. Les devolví el gesto, lanzándoles un beso mientras contenía las lágrimas. Desde lo alto, escuché los gritos de despedida de mis amigos motociclistas, que habían acudido a verme partir.

Ya en el interior, me asignaron un asiento en la última fila, junto al pasillo. Apenas me senté, el nerviosismo me dominó y vomité sobre mi chaqueta. La señora del asiento contiguo trató de ayudarme con amabilidad, pero el olor persistió durante todo el vuelo. Aquel breve trayecto de apenas 40 minutos hacia Miami fue una mezcla de alivio y tristeza. Cuando el avión despegó, los pasajeros aplaudieron y yo intenté mirar por la ventana, aunque solo alcanzaba a ver fragmentos del cielo. Era mi primer vuelo, y sin saberlo del todo, estaba dejando atrás para siempre mi hogar y mi infancia.

Dos meses después, mi hermano Luis Gustavo logró salir también de Cuba. Me contó que, tras mi partida, el regreso a casa fue silencioso y que mis padres vivieron días de auténtico duelo. Mami lloraba sin consuelo, vestía de negro y no permitía que sonara música en casa; decía que sentía como si yo hubiera muerto. Papi intentaba animarla, pero el dolor era demasiado profundo. Sin embargo, cuando Luis partió el 6 de febrero de 1962 rumbo a Miami, Mami encontró un pequeño consuelo: sabía que, aunque lejos, sus dos hijos volverían a estar juntos y a salvo.

3. Mi aventura americana comienza

La decisión de mi familia de emigrar a Estados Unidos se complicó por el rápido deterioro de las relaciones entre ambos países, que culminó el 3 de enero de 1961 con la ruptura diplomática y el cierre de embajadas y consulados. Desde entonces, obtener una visa estadounidense se volvió imposible, lo que llevó a muchas familias cubanas a buscar alternativas desesperadas para escapar del país.

En ese contexto, comenzó a hablarse en voz baja de un programa secreto que ayudaba a trasladar a niños cubanos sin sus padres hacia Miami. Este plan —más tarde conocido como Operación Pedro Pan— fue impulsado por la Iglesia católica, bajo el Catholic Welfare Bureau de Miami, y contó con el apoyo del gobierno de Estados Unidos. Su objetivo era ofrecer refugio temporal a menores cuyos padres no podían acompañarlos debido a las restricciones de visado o al temor de represalias del régimen.

Gracias a contactos clandestinos en La Habana, mis padres obtuvieron para mí una visa de estudiante falsificada, con todos mis datos personales. Ese documento bastó para que la oficina de Pan American Airlines emitiera mi boleto y las autoridades cubanas aprobaran mi salida del país. Al llegar a Miami, el oficial de inmigración apenas miró mis papeles; conocía bien la situación. Selló mi entrada con las palabras: "Exención de visa — Libertad condicional".

Recogí mi maleta y me encontré con un hombre amable llamado George (Jorge Guarch), quien se presentó como parte de la organización que recibía a los niños recién llegados. Confirmó que viajaba solo y me pidió que esperara junto a otra niña de mi edad, Emy Botet, mientras llegaban más vuelos desde La Habana. Pasamos horas conversando nerviosamente, sin saber que aquel encuentro marcaría el inicio de una nueva vida. George, supe después, era uno de los responsables de localizar a los menores no acompañados que llegaban a Miami y de ingresarlos oficialmente en la Operación Pedro Pan, un puente silencioso entre la desesperación de los padres cubanos y la esperanza de sus hijos en el exilio.

Después de esperar varias horas a que llegara el último vuelo, George nos subió a una furgoneta blanca y nos llevó a lo que descubrí después que era un campamento. Dejamos primero a Emy en Florida City y luego, ya entrada la noche, me dejó en el campamento Matecumbe, en medio de un bosque de pinos del sur de Florida. No había nadie para recibirme; un desconocido me indicó una litera metálica y me dormí sin quitarme la ropa, agotado y asustado.

A la mañana siguiente me sorprendió ver al padre Francisco Palá, antiguo profesor mío en La Habana, ahora supervisor del campamento. Aunque me reconoció, se mostró distante. Me asignaron a la cabaña dirigida por Enrique Baloyra, unos años mayor, serio pero justo, que imponía respeto. Cada noche, tras las oraciones, Enrique tocaba en su tocadiscos fragmentos de *Memories Are Made of This* de Ray Conniff, melodía que me arrullaba hasta dormir.

La vida en Matecumbe era básica pero tolerable. Teníamos comida suficiente y un lugar donde dormir, aunque la nostalgia por mi familia era constante. Lloraba en silencio por las noches, cuidando de no ser visto para evitar burlas. En el comedor, seis niños compartíamos mesa y la competencia por las mejores porciones de carne era feroz; más de una vez alguien terminaba con un pinchazo en la mano.

Las actividades eran escasas, salvo las excursiones de los sábados al centro de Miami y la misa dominical. Con apenas dos dólares, paseábamos, comíamos algo y mirábamos escaparates. Aquellas salidas, simples pero liberadoras, eran el momento más esperado de toda la semana.

Comunicarnos con nuestras familias en Cuba era casi imposible. Solo teníamos el correo postal y, en raras ocasiones, un teléfono público. Las pocas llamadas logradas estaban llenas de llanto y angustia, y las cartas tardaban semanas o nunca llegaban. Aquellas que recibía traían esperanza y noticias familiares, pero la separación era dolorosa. Rezaba mucho, aunque con el tiempo empecé a dudar que mis plegarias fueran escuchadas. Perdí el apetito y bajé de 70 a 53 kilos en dos meses, al punto de que el cinturón me quedaba grande y debía sostenerme los pantalones con las manos.

El 6 de febrero de 1962, finalmente llegó mi hermano Luis Gustavo, dos años y medio menor que yo. Aunque el campamento era para chicos de 15 a 18 años y él solo tenía 12, hicieron una excepción para mantenernos juntos. Pude recibirlo en el aeropuerto y, al verlo, sentí una alegría indescriptible. Desde ese día, su bienestar se convirtió en mi prioridad. En Cuba solíamos pelear, pero en Matecumbe nos volvimos inseparables: era "tú y yo contra el mundo".

El campamento Matecumbe, antiguo recinto de *Boy Scouts*, no estaba preparado para el frío invernal. Las cabañas carecían de calefacción y el invierno de 1962 fue especialmente duro. Cada noche el suelo amanecía cubierto de escarcha, y dormíamos con varias mantas y capas de ropa. Para un cubano acostumbrado a climas cálidos, aquel fue un despertar tan helado como inolvidable.

Para mi hermano y para mí, algo tan simple como ir al baño fue una actividad vergonzosa. Habíamos crecido en un ambiente correcto y recatado, donde teníamos privacidad durante nuestras funciones de aseo. En Matecumbe, encontramos tres o cuatro inodoros uno al lado del otro sin puertas ni mamparas. Para mí, la clave para lidiar con esa timidez era intentar ir al aseo cuando nadie lo usaba; eso solía ser después de la medianoche, mientras los demás dormían profundamente. Ducharnos en espacios abiertos era otra prueba difícil para nuestros recatados hábitos. Con el paso de las semanas, Luis Gustavo y yo aprendimos a ser cada vez menos mojigatos, y perder algo de nuestro pudor.

4. Vamos al Refugio de Esperanza

Con la llegada constante de más niños de Operación Pedro Pan, los campamentos del sur de Florida, incluido Matecumbe, comenzaron a saturarse rápidamente. Las instalaciones no daban abasto, y los administradores, en coordinación con diócesis y escuelas católicas de todo el país, comenzaron un proceso de reubicación que llamaron eufemísticamente "becas". En teoría, estas "becas" ofrecían a los niños nuevas oportunidades en entornos más estables pero, en la práctica, muchas veces significaban un traslado incierto y angustiante a lugares desconocidos.

El 24 de abril de 1962, mi hermano y yo, junto a otros once niños, fuimos enviados al Hope Haven (Refugio de Esperanza) en Marrero, Luisiana, cerca de Nueva Orleans. El nombre sonaba alentador, pero la realidad fue muy distinta. El lugar, un viejo orfanato y reformatorio, estaba lejos de ser un refugio: era sombrío, frío y autoritario, administrado —o, más bien, mal gestionado— por los Salesianos de Don Bosco. Con el tiempo supe que, mientras algunos compañeros habían tenido la suerte de ser enviados a buenos hogares o escuelas, otros, como nosotros, fueron trasladados a instituciones duras y poco humanas. Años más tarde, salieron a la luz denuncias de maltrato físico y abusos sufridos por muchos niños bajo aquel sistema.

Cuando la trabajadora social, la Sra. Condom, nos informó del traslado, ya había escuchado rumores sobre la mala reputación de Hope Haven. Desesperado, le rogué que buscara otro destino, pero ella, agotada y abrumada por la carga de trabajo, me respondió con impaciencia que no tenía tiempo para discutir. Me dio dos opciones: aceptar el traslado o ser llevado por la Policía Estatal de Florida, esposado, hasta el aeropuerto. Sabía que hablaba en serio; días antes había visto a otros chicos ser sacados a la fuerza. Sin alternativa, acepté resignado.

Recuerdo vívidamente que el Viernes Santo de 1962, mi hermano y yo estábamos sentados en los escalones de la iglesia Cor Jesu, en el centro de Miami. Llorábamos en silencio, conscientes de que íbamos rumbo a un lugar temido por todos. Le prometí a Luis Gustavo que lo protegería siempre, aunque por dentro me sentía indefenso, solo y traicionado por el destino. Ese día, entendí lo que era perder la infancia de golpe.

El 24 de abril de 1962, mi hermano Luis Gustavo y yo formamos parte de un grupo de trece niños de la Operación Pedro Pan que abordó un vuelo de National Airlines con destino a Nueva Orleans. En el grupo también viajaban otros hermanos mayores con sus menores, como Oscar "Billy" Espinosa con Esteban y Roni, y Mario A. Proaño Accinelli con Carlos y Dante. Éramos un grupo nervioso pero esperanzado, sin saber que nos esperaban nuevas pruebas lejos de Cuba.

En el aeropuerto de Nueva Orleans nos recibió el hermano Douglas, un religioso de semblante severo, que nos llevó al orfanato Hope Haven en un autobús escolar amarillo. El trayecto fue silencioso; todos observábamos por las ventanas aquel paisaje extraño, lleno de pantanos y caminos desolados. Al llegar, nos recibió un pequeño grupo de otros Pedro Panes que ya estaban allí. Parecían felices de ver rostros nuevos, pero su entusiasmo se apagó pronto cuando notamos el ambiente tenso del lugar. Uno de ellos tenía el brazo enyesado: contó que un hermano salesiano le había golpeado con un palo de escoba por jugar sin permiso. Ese testimonio nos dejó helados; fue nuestra primera advertencia de lo que podríamos esperar.

Esa noche nos asignaron camas en un dormitorio largo, con hileras de literas metálicas. Mi cama estaba junto a una ventana y la de mi hermano frente a la pared opuesta, cerca del cubículo del hermano Douglas. Poco antes de apagarse las luces, lo vimos acercarse a una de las camas y llevarse a un niño pequeño a su cubículo. El silencio posterior fue estremecedor. Intuí lo peor y, dominado por el miedo, me escondí debajo de la cama y dormí en el suelo. Mi hermano, que dormía más cerca, escuchó gemidos ahogados durante la noche. Supimos entonces que aquel lugar ocultaba horrores.

A la mañana siguiente, los tres mayores del grupo —Billy, Mario y yo— nos reunimos en secreto. Decidimos mantenernos siempre juntos, vigilarnos entre nosotros y movernos en grupo para evitar cualquier abuso. Esa estrategia de protección mutua funcionó: ninguno de nosotros volvió a ser molestado, aunque el miedo nunca nos abandonó.

El día a día en Hope Haven era duro y humillante. La comida era escasa, mal cocinada y servida en un comedor sofocante sin ventilación, mientras los sacerdotes y hermanos comían aparte, en una sala con aire acondicionado y platos abundantes. Con el tiempo, Billy y yo nos ofrecimos a limpiar sus mesas, lo que nos permitió rescatar las sobras de su comida para compartirlas con nuestros hermanos. Aquello se convirtió en una pequeña victoria silenciosa: aunque seguíamos comiendo menos de lo que habíamos tenido en Cuba o incluso en Matecumbe, al menos logramos aliviar un poco el hambre y mantener nuestra dignidad en medio de tanta injusticia.

A veces, Hope Haven recibía donaciones de benefactores bienintencionados. Recuerdo una ocasión en que llegó un camión lleno de bananas demasiado maduras; durante días nos sirvieron bananas blandas en todas las comidas, lo que me arruinó el gusto por esa fruta para siempre. En otra ocasión, recibimos un exceso de tartas de manzana de una panadería local y las comimos frías durante varios días, hasta detestarlas también.

Los sacerdotes y hermanos salesianos solían recordarnos que su misión era educar cristianamente a los jóvenes desfavorecidos, aunque la realidad era muy distinta. El rector, el padre Paul Csik, y sus subordinados, entre ellos el padre Esposito y los hermanos Jimmy y Douglas, abusaban de su autoridad. Años después, varios exalumnos estadounidenses demandaron con éxito a la Iglesia por los abusos cometidos allí. Saber que esos hombres fueron finalmente juzgados fue, para mí, una forma tardía de justicia.

Hope Haven, ubicado en el bulevar Barataria de Marrero, era un recinto abierto del que se podía salir fácilmente. Un día, explorando los alrededores, encontré el supermercado Ragusa y empecé a empaquetar compras para ganarme unas monedas, hasta que el gerente me descubrió y me echó. Más tarde, con otros Pedro Panes, conseguimos pequeños trabajos en un estadio de lucha libre, guiando coches en el aparcamiento a cambio de propinas. Como recompensa, podíamos ver las peleas desde detrás del escenario, donde descubrí con asombro que todo era un espectáculo fingido. Aquella fue una lección temprana sobre la falsedad de las apariencias, dentro y fuera de Hope Haven.

Pronto perdí la esperanza de escapar de Hope Haven. Una mañana, desesperado, recé furiosamente ante el altar, dudando incluso de la existencia de Dios. Poco después, apareció en nuestras vidas el Dr. Jorge Ramos, un abogado laboral cubano exiliado contratado por Catholic Charities para asistir a los niños de Operación Pedro Pan en Nueva Orleans. Tras escucharnos, dudó al principio de nuestras denuncias de abuso, pero al comprobar su veracidad, prometió actuar. Por mi insistencia, me apodó el "líder del sindicato".

El Dr. Ramos fue también quien salvó mi vida. Un día, mientras trabajaba en el supermercado Ragusa, tosí sangre. Al enterarse, me llevó al Hospital Touro de Nueva Orleans, donde me diagnosticaron bronquiectasia, una enfermedad pulmonar crónica que limitaría mi capacidad física. Allí cumplí 16 años, y el Dr. Ramos logró contactarme por teléfono con mis padres en Cuba. Al conocer mi estado, solicitaron salir del país por razones humanitarias y, milagrosamente, lo consiguieron en octubre de 1962, justo antes de la Crisis de los Misiles, escapando por poco del cierre total de vuelos.

Cuando regresé al orfanato, el Dr. Ramos había logrado importantes cambios: organizó el traslado de los chicos mayores a la escuela Holy Cross, un internado de prestigio en Nueva Orleans. Mi hermano, por ser más joven, tuvo que quedarse en Hope Haven. Fue una separación dolorosa, aunque el Dr. Ramos prometió vigilarlo. Gracias a él, nuestras vidas empezaron a cambiar para mejor.

Holy Cross, dirigida por los Hermanos de la Santa Cruz y afiliada a la Universidad de Notre Dame, era una excelente institución. Los profesores eran atentos y dedicados, la comida abundante y el ambiente inspirador. Allí descubrí el entusiasmo por el fútbol americano, las tradiciones escolares y el espíritu competitivo.

Cuando conocí al rector, insistí en ser colocado en el último año de bachillerato, aunque apenas hablaba inglés. Acepté, pero pronto comprendí que había sido un error: no entendía las clases y me atrasé rápidamente. Al final del curso recibí el diploma, pero sabía que había sido más por compasión que por mérito. La barrera del idioma me aisló; tenía poco contacto con mis compañeros y no pude participar en actividades como el baile o la ceremonia de anillos.

Durante ese año, el Dr. Ramos me visitaba con frecuencia para animarme. En una de sus charlas me preguntó qué pensaba hacer al graduarme. Le respondí que no lo sabía. Entonces me dio una lección que jamás olvidé: "Si aspiras a subir solo hasta la mitad del asta, quizá llegues ahí; pero si aspiras a la cima, tal vez llegues más alto de lo que imaginas. ¡Siempre apunta a lo más alto!".

Mientras cursaba mi último año, mis padres lograron salir de Cuba y llegar a Miami, seguidos poco después por mi hermano. Aunque la mayoría de los niños Pedro Pan se reunían enseguida con sus familias, pedí quedarme en Holy Cross para terminar mis estudios y obtener el diploma. Fue una decisión difícil, pero marcó el inicio de mi nueva vida en libertad.

Uno de mis compañeros en Holy Cross era Jorge Sáez, también exiliado cubano, cuyo primo Abelardo Bringuier, farmacéutico soltero de unos cuarenta años, vivía en el Barrio Francés de Nueva Orleans. Los fines de semana nos invitaba a su casa, donde disfrutábamos de libertad, música, mujeres amistosas y más cerveza de la que debíamos. Allí, entre bailes y risas, descubrí parte de mi adolescencia y entendí que pertenecía tanto a La Habana como a Nueva Orleans.

Cuando me gradué en junio de 1963, llevaba más de un año sin supervisión paterna y no deseaba perder mi independencia reuniéndome con mis padres en Miami. Ellos, decididos a recuperar la unidad familiar, se mudaron a Nueva Orleans y contactaron al Dr. Ramos, quien los animó a abrir un hogar temporal de Catholic Charities para niños de la Operación Pedro Pan. Durante cuatro años, 36 niños pasaron por esa casa bajo el cuidado ejemplar de mis padres. Entre ellos estaba mi hermano, que también asistió a Holy Cross. Muchos de esos niños fueron luego reunidos con sus familias; uno, Pedro Núñez, se convirtió en sacerdote y reconocido predicador católico.

El Dr. Ramos quedó tan impresionado con el éxito del programa que replicó el modelo en otras casas de acogida. Mis padres decían que era su forma de devolver la ayuda recibida de la Iglesia. Ese espíritu de servicio marcó mi vida. Mi padre, que en Cuba había tenido un negocio de importación, aceptó con humildad trabajar como ascensorista y luego guardia nocturno para Catholic Charities. Nunca se quejó; su ejemplo silencioso de dignidad y sacrificio fue una de las lecciones más valiosas que aprendí.

Mami, quien nunca cobró un sueldo durante su matrimonio, siempre disfrutó y se destacó en el arte de la costura. Tras cerrar el hogar temporal, consiguió trabajo como costurera en Kreeger's, una popular tienda de alta costura en Nueva Orleans, donde confeccionaba lujosos forros a medida para abrigos de pieles finas. Durante el verano de 1963, justo después de terminar la preparatoria, trabajé como ayudante de camarero en el exclusivo restaurante Fleur de Lis del Hotel Sheraton. Era diligente pero torpe; en una ocasión, perdí el equilibrio y dejé caer una bandeja llena de platos sucios y vasos medio vacíos sobre la cabeza de un desprevenido cliente. Anticipando que me despedirían, seguí caminando sin mirar atrás, me quité la chaqueta blanca, y me fui a mi casa. Sin embargo, para mi sorpresa, mi jefe me contactó a través de uno de mis compañeros y me explicó que el cliente afectado era huésped del hotel y había recibido servicio de lavandería gratuito. Me alivió saber que todo estaba bien, así que me pidieron que volviera al trabajo al día siguiente. Al terminar el verano de 1963, me matriculé en la Universidad Estatal de Luisiana en Nueva Orleans (LSUNO). En aquel entonces, LSUNO era una universidad de admisión abierta, lo que significaba que mi diploma de bachillerato me garantizaba la admisión. No solo estaba mal preparado académicamente para la educación superior, sino que seguía teniendo dificultades con el inglés y aún seguía siendo muy inmaduro e indisciplinado. Me presenté al examen de admisión como era requerido, pero no tenía ni idea del significado de las preguntas, y menos de las respuestas. No entendía el formato de opción múltiple. Todavía me pregunto si obtuve las calificaciones más bajas jamás registradas en la historia de esos exámenes.

5. Un afortunado encuentro

A principios de mi primer semestre en la universidad, el 16 de septiembre de 1963, viajaba en la ruta Elysian Fields del autobús público en camino a casa, cuando dos cubanitas con uniforme escolar subieron y se sentaron justo detrás de mí. Eran estudiantes de tercer año de la Academia St. Joseph, una preparatoria católica solo para chicas, auspiciada por las Hermanas de San José. Su alegre y desinhibido cotorreo me permitía oír cada palabra. Dando por hecho que nadie hablaba español en su entorno, empezaron a hablar favorablemente de mí. Me era fácil escuchar de manera discreta; pero en un momento dado, mis orejas se pusieron rojas, y la chica llamada Tere se dio cuenta de que yo las escuchaba. Dejaron de hablar y susurraron que tal vez yo entendía español. En ese momento, me di la vuelta y les ofrecí mi más amplia sonrisa. Estaban tan avergonzadas que sus mejillas se pusieron rojas de pavor, deslizándose ruborizadas en sus asientos. Antes de que pudiéramos entablar conversación, el autobús llegó a la parada de N. Broad Street, donde yo tenía que hacer transbordo. Para mi grata sorpresa, Tere también se bajó. Mientras esperábamos el siguiente autobús, intenté iniciar una conversación, pero me encontré con un gélido y absoluto silencio. Ambos subimos al siguiente autobús, y seguí recibiendo de ella la ley del hielo. Cuando los dos bajamos en la parada de N. Broad Street y Ursuline Ave., Tere me ignoró y empezó a caminar cada vez más rápido, hasta que finalmente empezó a correr. Intenté seguirle el ritmo mientras trataba de entablar conversación. Después de un par de cuadras, llegamos a la puerta de mi casa, donde mi hermano y algunos de mis hermanos de temporales estaban sentados conversando. Tere corrió hacia mi hermano y, sin aliento, le pidió amparo, argumentando que yo la había estado persiguiendo y molestando. Mi hermano Luis Gustavo se rio a carcajadas y nos presentó formalmente. Resultó que Tere vivía a la vuelta de la esquina, a media cuadra de nuestra casa. Yo había oído hablar de ella, pero como yo estaba en primer año de universidad y ella en tercero de preparatoria, no tuve mucho interés en conocerla. Pero después de conocerla en persona, sentí el flechazo de Cupido. Le pregunté respetuosamente si podía visitarla, y ella con poco entusiasmo me invitó a su casa, para ver cómo ella y su prima Floris Céspedes horneaban pasteles para donar a una feria escolar. No sé lo que me esperaba, pero acepté. Mientras observaba a las dos jóvenes reposteras en la cocina de Tere, me enamoré perdidamente de ella. Al poco tiempo, comencé a enamorarla formalmente. Más de sesenta años después, seguimos siendo una pareja inseparable. ¡Es el amor de mi vida y mi verdadero norte! Pronto supe que Tere también era una Pedro Pan. La temprana infancia de María Teresa "Tere" Peralta Ferro transcurrió en el ingenio azucarero Francisco, en Camagüey, cerca del centro de la isla de Cuba. Sus padres, Jorge Luis Peralta y Ángela "Llillí" Paulina Ferro Posada, adoraban a sus cuatro hijos: Tere, Josefina "Chiqui", Jorge "Yoyi" y Ángela "Guly". Jorge administraba la tienda multiuso del pequeño pueblo y Llillí era ama de casa. Con ellos también vivía la abuela de Tere, María Teresa "Mateté" Posada Recio.

A los trece años, Tere fue enviada a La Habana a vivir con sus tíos, María Ferro y Ernesto Céspedes, para asistir a una de las mejores escuelas de la capital. Se matriculó en la Academia Excelsior, donde fue una excelente estudiante y notable deportista. Ella y su prima Floris tenían la misma edad y crecieron como hermanas. Esa temprana separación de su familia inmediata preparó a Tere para la futura separación, más severa, que se produciría cuando abandonara Cuba. Tere salió de Cuba el 26 de abril de 1962, también como parte de la Operación Pedro Pan. Ella fue parte del cincuenta por ciento de los Pedro Panes que no fueron enviados a campamentos al llegar a Miami porque algún pariente en los Estados Unidos los había reclamado.

Después de pasar algunas noches con unos primos adultos en Miami, se fue a Nueva Orleans a vivir con su tía abuela, la Sra. Carmen "Tita" Ferro Gold. Tita vivía sola en Nueva Orleans después de haber enviudado de Lawrence Gold, un distinguido ejecutivo en Rayne, Luisiana. En Nueva Orleans, Tere conoció por primera vez a su tía abuela y nueva tutora, y se reunió con sus cuatro primos: Floris, Ernesto, Carlos y Jorge. Los cuatro eran Pedro Panes que vivían en la casa del hermano de Tita, su tío abuelo, Robustiano "Robusto" Ferro, un jubilado doctor en veterinaria. Convenientemente, Robusto y Tita vivían a una cuadra el uno del otro. Algún tiempo después, la tía de Tere, María Ferro Céspedes, llegó y se reunió con sus cuatro hijos. Tita y Tere gestionaron su nueva relación lo mejor que pudieron. Tita, quien disfrutaba de vivir sola en la comodidad de su casa de una sola habitación en la calle N. Rendon, nunca había tenido hijos y las circunstancias la obligaron a improvisar la supervisión de una adolescente en su, hasta entonces, tranquilo hogar. Tita había emigrado a Estados Unidos antes de la Segunda Guerra Mundial, mucho antes del revuelo de la Revolución cubana. Se había adaptado a la sociedad de Nueva Orleans como una dama sureña de elegantes modales, hablaba un inglés excelente y era una católica devota. Todas las semanas, Tita asistía a la misa dominical impecablemente vestida, inclusive con guantes blancos de encaje. Tere se adaptó lo mejor que pudo a su nuevo entorno e hizo todo lo posible por aprender inglés mientras asistía a la Academia St. Joseph en tercer año. Tras graduarse de la secundaria, Tere asistió a la Escuela de Negocios Soulé, fundada en 1856 y reconocida por generaciones de habitantes de Nueva Orleans. A lo largo de las décadas, miles de sus graduados desarrollaron exitosas carreras como contadores, gerentes de empresas, secretarios ejecutivos y otros cargos similares. Antes de graduarse, Tere trabajó en un par de empleos de secretaria a tiempo parcial. Después de graduarse, consiguió un puesto de secretaria en los Servicios Públicos de Nueva Orleans. En aquel entonces, la organización gestionaba el transporte y varios servicios públicos de la ciudad. Formábamos una pareja un tanto peculiar. Ella era solo seis meses menor que yo, una jovencita recatada y seria. Yo era un chico impetuoso, revoltoso y bullicioso. Nos cortejamos durante cuatro años y medio, un noviazgo que se desarrolló bajo las antiguas y estrictas tradiciones cubanas, incluyendo chaperonas, salidas con otra pareja, y un estricto toque de queda a medianoche. La patrocinadora de Tere, Carmen "Tita" Ferro Gold, me percibía como irreverente y problemático. Mi interés en Tere no le hacía ninguna gracia, ni veía con buenos ojos que yo la visitara. Tita era estricta y vigilaba a Tere como una leona a su cachorra. Al principio, siempre que salíamos, tomábamos el transporte público; a pesar de las dificultades que eso presentaba, comprendimos la importancia de estar en casa a la hora acordada y siempre cumplíamos. Durante esos cuatro años, compré varios coches baratos que nos dieron más independencia, aunque constantemente tenían problemas mecánicos y no resultaban ser muy fiables.

A medida que nuestro noviazgo maduraba, eventualmente Tere y yo nos comprometimos formalmente. Empezamos a comprar pequeños electrodomésticos, vajilla y cubiertos para nuestro futuro hogar. Ella empezó a bordar toallas y ropa de cama con una hermosa "A". Muchos de esos pequeños tesoros eran guardados en un baúl de cedro que compramos para ese propósito, mientras que otras cosas las íbamos guardando en armarios de toda su casa. No obstante esos preparativos, mientras avanzábamos hacia nuestro futuro matrimonio, ella insistió en que no habría matrimonio a menos que yo regresara a la universidad y completara mis estudios recibiendo el correspondiente título universitario. ¡Eso fue una gran motivación! Así que me concentré preparándome para regresar a LSU y aplicándome a los estudios hasta graduarme.

6. Mis dificultades con el inglés

Durante mis años escolares en Cuba estudié inglés como materia obligatoria y, además, tomé clases privadas. Por eso, al llegar a Miami creía dominar el idioma. Sin embargo, en mi primera entrevista con la trabajadora social, la Sra. Condom, descubrí con sorpresa que no entendía casi nada: ¡no sabía inglés realmente!

En el campamento Matecumbe y luego en Hope Haven, el español era la lengua común, por lo que mi deficiencia no era un obstáculo. En Holy Cross también convivía con latinoamericanos y cubanos, así que apenas mejoré mi inglés. La verdadera dificultad llegó al empezar la universidad, ya que LSUNO no ofrecía clases de refuerzo lingüístico. Tuve que aprender por mi cuenta, escuchando conversaciones, viendo televisión, leyendo todo lo que podía y observando los matices del idioma. Fue un proceso largo y autodidacta, pero con el tiempo logré avanzar.

También tuve que decidir cómo presentarme: "Eduardo Aguirre" resultaba difícil de pronunciar para los estadounidenses, que me llamaban "Edward" o "Eddy". Finalmente decidí mantener mi nombre original y corregir con amabilidad a quien lo pronunciara mal.

Estudiar en la Universidad Estatal de Luisiana (LSU) fue un reto enorme. Pasé seis años entre estudios y trabajo, madurando a base de esfuerzo. Los primeros cursos en LSUNO fueron frustrantes: las clases masivas, con más de cien estudiantes, eran muy distintas a las aulas pequeñas y cercanas que había conocido en Cuba. Sin embargo, esa etapa me enseñó perseverancia y resiliencia, lecciones que me acompañaron toda la vida.

Durante mi año en Holy Cross logré graduarme sin entender del todo las clases ni cumplir con mis deberes, por lo que no fue sorpresa que reprobara mi primer semestre en la universidad y quedara en suspenso académico. En 1964, durante el Mardi Gras de Nueva Orleans, ya sabía que no aprobaría, así que vendí mis libros antes de los exámenes para gastar el dinero en cerveza y diversión, una decisión poco sabia, pero pragmática.

Tras mi suspensión, encontré trabajo en Stratton Baldwin, una empresa mayorista de herramientas, donde imprimía páginas de catálogos. Era un trabajo sucio y monótono, pero me permitió salir adelante. Luego conseguí empleo como procesador de cheques en el Whitney National Bank, y más tarde en el National American Bank, en turnos nocturnos frente a máquinas IBM que clasificaban miles de cheques. El trabajo era estable, aunque agotador y repetitivo.

Al finalizar mi período de suspensión, me reinscribí en LSUNO, motivado por Tere, quien insistía en que debía graduarme antes de casarnos. Mi inglés había mejorado y era más maduro, pero combinar un horario completo de clases diurnas con un trabajo nocturno me pasó factura: volví a caer en suspensión académica, esta vez por un año entero.

Con tiempo libre tras mi suspensión académica, acepté un segundo trabajo como cajero en el National American Bank. Allí aprendí a manejar dinero, cuadrar cuentas y tratar con clientes, lo que también mejoró notablemente mi inglés. Gracias a mis habilidades bilingües, me trasladaron a una nueva sucursal en el International Trade Mart, al final de Canal Street, donde trabajé bajo la dirección del Sr. Jim Lazare, un gerente brillante que se convirtió en mi mentor. Me enseñó a actuar con confianza, a pensar con creatividad y, sobre todo, a retomar mis estudios universitarios si quería progresar.

Mientras yo maduraba profesionalmente, el país enfrentaba la guerra de Vietnam. Con miles de bajas y una creciente necesidad de reclutas, recibí la notificación para el examen físico previo al servicio militar. Aunque aún no me sentía plenamente estadounidense, decidí no huir de mi deber y presentarme. Tras los exámenes, mi bronquiectasia crónica me descalificó permanentemente del servicio. Sentí un gran alivio, pero también un orgullo sereno por haber afrontado la situación con responsabilidad hacia mi nuevo país.

A medida que avanzaba el noviazgo con Tere, sus padres, hermanos y su abuela materna, Mateté, lograron llegar de Cuba tras una larga separación, instalándose en una casa en nuestro barrio. La familia recién llegada de Tere resultó ser muy campechana, y disfruté mucho conociéndolos. A su insistencia, Tere y yo nos habíamos pospuesto formalizar nuestra relación hasta que llegara su familia inmediata. Superado ese obstáculo, proclamamos nuestro compromiso con una ceremonia formal, rodeados de nuestros familiares y amigos. Consciente de mi necesidad pendiente de obtener un título universitario, nuestro compromiso reafirmó mi determinación de regresar a la universidad y terminar mis estudios. Decidí abandonar mi trabajo, alejarme de todas las distracciones sociales de Nueva Orleans, y asistir a tiempo completo al campus insignia de LSU, situado en Baton Rouge, una ciudad a más de una hora en coche de Nueva Orleans.

Mi solicitud de transferencia al campus de Baton Rouge fue rechazada automáticamente mediante una carta firmada por el decano de la correspondiente cátedra, el Dr. James Perry. ¡Me sentí insultado y me puse furioso! ¿Cómo se atrevía a rechazarme? ¡Sobre todo ahora que finalmente estaba listo para aplicarme a los estudios! Mientras procesaba emocionantemente ese inesperado revés, concerté una cita con el decano Perry para argumentar mi caso en persona. En una llamada de larga distancia, su secretaria me concedió una entrevista con el decano un sábado por la mañana en su oficina en el campus. El Dr. Perry estaba preparado para nuestra reunión; había estudiado mi expediente académico y se sentía ampliamente justificado en su decisión de rechazar mi solicitud. Sin embargo, me dio la oportunidad de convencerlo de que cambiara de opinión. Tras mi apelación de treinta minutos, donde expuse mis circunstancias, el reconsideró su decisión y me ofreció la oportunidad de asistir al próximo curso de verano con la condición de que me distinguiera en todas las asignaturas. Extendió su mano y estrechó la mía y, mirándonos a los ojos, acepté solemnemente un compromiso implícito de esforzarme al máximo.

Después de la entrevista, regresé triunfalmente a Nueva Orleans para compartir la buena noticia con Tere y mis padres. Yo presentía que este era un punto de inflexión en mi vida. Cuando llegó el verano, me mudé a una habitación para dos estudiantes en la residencia del Estadio Sur, bajo las gradas del estadio de fútbol americano, la más barata disponible. Impulsado por un intenso miedo a fracasar, me concentré por completo en mis estudios. Al final del verano, ya había entrado en la lista del decano para estudiantes destacados y me había ganado el derecho de regresar a la universidad para el siguiente semestre escolar. Ese otoño, encontré una residencia aún más barata, una habitación para tres estudiantes en la residencia Estadio Norte. Pedí un préstamo del gobierno con un interés muy bajo, para así sufragar la matrícula y mi manutención. El préstamo estudiantil y mis ahorros resultaron ser justo lo suficiente para cubrir los gastos diarios. Pero como planeaba casarme con Tere, también conseguí un trabajo en el almacén de suministros de química de la universidad, donde mis conocimientos administrativos y bancarios me ayudaron a llevar los registros de inventario y administrar las cuentas de la tienda. El sueldo era parco, pero mis necesidades eran modestas y ganaba lo suficiente para sobrevivir.

Una sombra académica pesaba sobre mí: necesitaba elevar mi promedio para graduarme. Llegué a Baton Rouge con un 1,8, lejos del 2,5 necesario para aspirar a un buen trabajo. Me propuse mejorar a toda costa: reduje mi vida social, evité distracciones y dediqué todo mi tiempo al estudio, salvo algunos fines de semana que viajaba a Nueva Orleans para ver a Tere y a mi familia. Recuperar la disciplina académica fue un reto, especialmente por mi acento y las dificultades para escribir y hablar inglés con soltura. Un curso de Redacción Comercial me ayudó mucho, y aunque el inglés sigue siendo mi segundo idioma, nunca dejé de perfeccionarlo.

Con el tiempo, mi esfuerzo dio frutos. Me uní a la fraternidad profesional Delta Sigma Pi (ΔΣΠ), atraído por su ambiente empresarial más que por lo social. Allí aprendí sobre liderazgo, responsabilidad profesional y compromiso comunitario. Años después, me enorgulleció ver que la fraternidad se convirtió en una organización diversa e inclusiva. Fui reconocido con varios premios como Exalumno Destacado (1997), Premio a la Trayectoria (2000 y 2004) y Casco de Oro (2019).

Cuando quedó claro que iba por buen camino para graduarme en un año académico, Tere y yo finalmente nos casamos el 25 de mayo de 1968. Mi amigo del colegio, Luis Alberto de la Torre, fue nuestro padrino, al igual que yo había sido el suyo en su boda unas semanas antes. En nuestra ceremonia nupcial participaron mi hermano Luis Gustavo, mi antiguo compañero de Hope Haven, Billy Espinosa, y mi antiguo compañero de clase de los Escolapios y antiguo vecino, Sixto Almodóvar, quien viajó a Nueva Orleans desde California. Tere eligió a su hermana, Chiqui, como principal dama de honor; sus otras damas de honor fueron su otra hermana, Guly, y sus primas Floris Céspedes y Rosita Pérez de Corcho, quien viajó desde Caracas, Venezuela. El hermano de Tere, Jorge, también participó formalmente en nuestra ceremonia nupcial.

Tita organizó una modesta pero concurrida recepción en un salón de la Universidad de Loyola. Pasamos la luna de miel en las montañas de Carolina del Norte y unos días en Gatlinburg, Tennessee. Luego nos instalamos en los apartamentos para estudiantes casados de LSU, donde Tere consiguió trabajo como secretaria en el Departamento de Geografía y Antropología. Nuestro modesto apartamento de recién casados fue un idílico nido, perfecto para un primer año de matrimonio. Tuvimos la suerte de comenzar con una base estupenda para nuestro largo futuro juntos. Finalmente, el viernes 8 de agosto de 1969, seis largos años después de matricularme por primera vez en LSUNO, me gradué con júbilo de LSU con una Licenciatura en Ciencias en Administración de Empresas. ¡Fue un día glorioso!

7. Comienzo mi carrera profesional

En la primavera de 1969, apenas unos meses antes de mi graduación, se celebró la feria anual de empleo en la Facultad de Administración de Empresas de LSU. Diversas compañías acudieron al campus para entrevistar a los estudiantes próximos a graduarse, con el objetivo de reclutar a los mejores candidatos para sus empresas. Los nombres de las empresas y los puestos vacantes que querían llenar se publicaron con antelación para que los aspirantes que estuvieran interesados se inscribieran para una entrevista de veinte o treinta minutos en pequeños cubículos privados. Aquellos que lograban tener una entrevista exitosa aspiraban a ser invitados a una segunda entrevista en la sede o sucursal de las diferentes compañías, finalmente culminando en recibir una buena oferta de trabajo. Comparé información con amigos y descubrí que la demanda superaba la oferta; por lo tanto, la tasa de rechazo era alta. No me sorprendió que varias empresas importantes me descartaran de sus listas de entrevistas, probablemente debido a mi bajo promedio académico. Sin embargo, logré conseguir muchas entrevistas con reclutadores e incluso fui seleccionado por tres empresas para continuar con segundas entrevistas, como candidato para sus programas de formación empresarial: Boatmen's Bank en Memphis, Texas Commerce Bank en Houston y Sears Roebuck en su sucursal en Nueva Orleans.

En Boatmen's Bank, pasé un día entero reuniéndome con media docena de ejecutivos y jóvenes en el programa de formación. Cada reunión me permitió percibir que su personalidad corporativa era distante y condescendiente, algo que no encajaba bien con mi personalidad. Terminé el día decepcionado y, como era de esperar, quizás sintieron lo mismo, y no me ofrecieron trabajo. A continuación, tuve tres entrevistas consecutivas con Sears. Las dos primeras fueron con ejecutivos en sus oficinas regionales de Nueva Orleans, culminando con una visita individual en Baton Rouge con uno de sus jóvenes en pleno programa de formación empresarial. En lugar de encontrarnos en una oficina, nuestra reunión fue en el muelle de carga de la tienda, donde el joven descargaba cajas de los camiones de reparto. Llevaba una camiseta sudada y sucia, señal visible de su trabajo manual. El joven comenzó la conversación recalcando que Sears esperaba que los partícipes del programa de formación empresarial sobresalieran en todos los aspectos del negocio, incluyendo la carga y descarga de mercancías. Aunque ese encuentro no me impresionó favorablemente, la totalidad de las entrevistas me convenció favorablemente de unirme a sus filas. Sin embargo, Sears demoró su decisión y tardó un poco en hacerme una oferta. Mientras Sears y yo bailábamos, recibí una invitación para una entrevista del Texas Commerce Bank de Houston. Como me sentía optimista sobre mis perspectivas en Sears, casi rechacé la invitación; sin embargo, nunca había estado en Houston y tenía ilusión por la oportunidad de conocer Texas por primera vez. Llegué la noche anterior a la entrevista y me alojé en el Hotel Sheraton Downtown, a pocas cuadras del banco. Temprano en la mañana, me encontré en el vestíbulo del hotel con un amable miembro del programa de formación de gerentes, Floyd Swinger, exalumno de LSU. Mientras caminábamos hacia el banco, Floyd notó que prendido al bolsillo de mi camisa yo llevaba con orgullo una bisutería de Delta Sigma Pi. Finamente, Floyd sugirió que quizás esa joyería era apropiada para el campus universitario, pero nunca para una entrevista de trabajo. Ansioso de causar la mejor impresión, me la quité enseguida.

A diferencia de mis anteriores entrevistas en el banco de Memphis, la media docena de ejecutivos de Texas Commerce Bank que conocí se mostraron relajados, profesionales y amistosos. Conecté con dos ejecutivos cubanos, Daniel Gramatges y Luis Ortiz. Ellos me invitaron a comer, mostraron interés en mí y me ofrecieron útiles consejos para triunfar en las entrevistas pendientes. El último encuentro del día fue con el icónico vicepresidente ejecutivo, Ben F. Love, quien años más tarde se convertiría en presidente y director ejecutivo del creciente banco. Ben tenía una presencia intimidante, pero me hizo sentir relajado mientras conversábamos sobre mis aspiraciones. Sin pensarlo dos veces, le dije con confianza a Ben que quería trabajar en un lugar y una ciudad donde mi origen de inmigrante y mis capacidades en el idioma español se consideraran ventajas profesionales en lugar de limitaciones. Nunca olvidaré su respuesta: "Tus palabras son música para mis oídos". Las visitas fueron un éxito rotundo y quedé prendado de Texas Commerce Bank. Al parecer, el sentimiento fue mutuo. Poco después de mi visita a Houston, Texas Commerce Bank me ofreció un puesto como aprendiz en gestiones de créditos bancarios, con un salario mensual de $600, aproximadamente equivalente a $5.300 en 2025. Por esos días Sears también me ofreció una posición en su programa de formación empresarial, con un salario mensual de 625 dólares. Fue una decisión difícil; ¡la diferencia de $25 en esos momentos era enorme para mí! Así que solicité consejo a mi profesor de contabilidad, el Dr. Fritz Allen McCameron. Él me sugirió que la diferencia salarial se compensaría con mi futura capacitación práctica en análisis de crédito y los conocimientos financieros que adquiriría. Además, me relacionaría con clientes comerciales, ¡no descargaría cajas en un muelle de camiones! Y así fue. Acepté la oferta de Texas Commerce Bank. Mi entusiasmo inicial se vio atenuado por una dosis de realidad: me quedaban solo unas semanas del semestre de primavera, seguidos después por el corto término de verano, y aún tenía que sacar buenas notas en todas las asignaturas restantes para subir mi promedio a 2,5. Afortunadamente, cumplí los requisitos y comencé mi nuevo trabajo en el banco el lunes 11 de agosto de 1969, apenas dos días después de graduarme. Tras completar el programa básico de capacitación crediticia de Texas Commerce, conocí a profundidad a mi nuevo jefe, Daniel A. Gramatges, entonces vicepresidente adjunto y jefe de la división latinoamericana del departamento internacional.

8. Eduardo Aguirre, banquero

Mi nuevo trabajo en el banco consistía en analizar créditos y riesgos bajo la guía de Peter Clarke, un jefe paciente y brillante que me ayudó a superar mis debilidades con los números. Como parte del programa de aprendizaje, roté por varios departamentos, desde caja hasta procesamiento de cheques, lo que me recordó mis antiguos empleos bancarios. Mi desempeño fue bueno y pronto me ascendieron al departamento internacional, antes que a muchos compañeros del grupo.

Menos de un año después de mudarnos a Houston, Tere y yo nos naturalizamos ciudadanos estadounidenses el 25 de junio de 1970, un día de enorme orgullo. Mis colegas lo celebraron con un pastel decorado con banderas americanas. Nunca imaginé que, décadas más tarde, dirigiría el mismo Servicio de Inmigración que nos había concedido la ciudadanía.

Bajo la dirección de Dan Gramatges, un líder exigente y ambicioso, aprendí a trabajar con disciplina y visión internacional. Nuestra relación se transformó en una sólida amistad profesional. También entablé una duradera amistad con mi colega Luis Ortiz. En plena expansión del Texas Commerce Bank, acompañé a Dan en viajes a la Ciudad de México, donde abrimos una oficina de representación en Amberes 5, con vistas al Paseo de la Reforma y la Embajada de Estados Unidos. Aquello marcó el inicio de mi verdadera carrera internacional en la banca.

Dan Gramatges contrató como representante principal al experimentado banquero mexicano Joaquín Rincón Adams y me designó representante adjunto, otorgándome un aumento temporal para compensar el costo de vida en la capital mexicana. Nuestra secretaria bilingüe, Irma Tamez, completaba el equipo. Los tres abrimos oficialmente la oficina del Texas Commerce Bank en la Ciudad de México el 1 de octubre de 1971, apenas un día después de que Tere y yo llegáramos al país. Para mí, un joven banquero de 25 años con una prometedora carrera por delante, era una experiencia tan desafiante como estimulante. Cada día representaba una oportunidad de aprendizaje: lidiar con clientes internacionales, comprender las sutilezas del sistema financiero mexicano y, sobre todo, adaptarme a una nueva cultura que me fascinaba.

En la primavera de 1972, organizamos una gran recepción inaugural en el renombrado restaurante La Hacienda de los Morales, una joya arquitectónica de la época colonial. Fue la primera vez que me vi al frente de un evento de tal magnitud. Con gran profesionalismo, Irma se encargó de los preparativos, las invitaciones y la logística. Asistieron importantes figuras del mundo financiero y diplomático: el presidente del banco Ben Love, el jefe del departamento internacional George Ebanks, el subdirector Mike Gaetz, Luis Ortiz, y por supuesto, Dan Gramatges. También logramos la asistencia del embajador de Estados Unidos, Robert H. McBride y del secretario de Hacienda, Hugo B. Margáin, entre otros líderes empresariales. A pesar de los nervios, la noche fue un éxito absoluto, y tuve la satisfacción de ver a nuestros invitados impresionados por la impecable organización y el ambiente cordial.

Durante nuestra estancia, Tere y yo nos enamoramos de México: de su gente, su historia, sus colores y sabores. Adoptamos la costumbre de explorar el país cada fin de semana en nuestro Renault amarillo, visitando Cuernavaca, Puebla, Monterrey, Veracruz, Cancún, Guanajuato y muchos otros lugares. Disfrutábamos del arte, la música y la comida local —aunque Tere nunca se acostumbró al picante ni al tequila—. Yo, en cambio, llegué a apreciarlos tanto que incluso, por unas semanas, me dejé crecer un bigote al estilo Emiliano Zapata.

Aquel año en México fue una etapa de profunda transformación personal y profesional. Aprendí a desenvolverme en el mundo de las relaciones internacionales, a ganarme la confianza de colegas y clientes, y a representar a mi institución con madurez y orgullo. Fue, sin duda, uno de los capítulos más enriquecedores de mi vida.

Ese verano, una firma de Nueva York me contactó para reclutarme como director de la sección latinoamericana del First Union National Bank en Charlotte, Carolina del Norte. Tras reunirme con los ejecutivos en Nueva York, recibí una oferta que igualaba y mejoraba ligeramente mi salario en México. Aunque la oportunidad era atractiva, intenté negociar una contraoferta con Texas Commerce Bank. Sin embargo, las conversaciones se tensaron y, al no llegar a un acuerdo, acepté el puesto en First Union. Un año después, Tere y yo nos mudamos a Charlotte, decididos a comenzar una nueva etapa.

Mi jefe en First Union, Jim, era accesible y de buen humor. Juntos diseñamos una estrategia para expandir la presencia del banco en Brasil y Colombia, mercados clave para su crecimiento internacional. Nuestro primer viaje a Sudamérica en noviembre de 1972 fue intenso; recuerdo sufrir mi primer ataque de ansiedad antes de aterrizar en Río de Janeiro. Aun así, logramos establecer relaciones con bancos y empresas en Río, São Paulo y Bogotá, y más tarde ampliamos operaciones a México.

Tuve éxito generando beneficios sin pérdidas crediticias, aunque el banco enfrentaba una fuerte crisis interna por malas inversiones inmobiliarias. Con el tiempo, la estrategia internacional perdió apoyo y mis superiores fueron reemplazados. Aunque me llevaba bien con los nuevos jefes en lo personal, la relación profesional fue más tensa, y su falta de comprensión del negocio internacional dificultó mi trabajo.

Con el tiempo, perdí la motivación y no me hacía ninguna gracia ir a trabajar cada mañana. No veía que la relación mejorara y me sentía atrapado en mi trabajo. Estaba tan molesto que empecé a despertarme en mitad de la noche con severa acidez estomacal, y dificultad en conciliar el sueño. No tardó mucho en que Tere empezara a preocuparse, y tuvimos una sincera conversación, donde le conté el origen de mis angustias. Compartí con ella que me sentía profundamente obligado a continuar a mi trabajo para cubrir los gastos de nuestro hogar y los pagos de la hipoteca. Para mi sorpresa y alivio,

Tere preguntó: "¿Por qué no renuncias?".

"Vamos, cariño, no es tan sencillo…".

"Mira, no necesitamos esta bella casa", respondió ella.

"Podemos volver a vivir cerca de nuestras familias en Nueva Orleans. Podemos empezar de cero, como cuando éramos recién casados y no teníamos dinero".

Con eso, sentí que un gran peso se levantaba de mis hombros, vi despejarse las nubes, y comencé a pensar con más claridad. "Voy a buscar otro trabajo, cariño… Se acabó el despertarme a medianoche preocupado".

El apoyo moral de Tere me dio la fuerza para cambiar de rumbo una vez más, y comencé en busca de un nuevo trabajo. Pronto, las oportunidades de entrevista comenzaron a llegar de Nueva York, Miami, Pittsburgh, Chicago y otros lugares. Entre todas, el Northern Trust de Chicago destacó por su prestigio y elegancia. La ciudad me sorprendió: limpia, dinámica y con una energía corporativa vibrante que desmentía mis prejuicios previos sobre el clima o el carácter de sus habitantes. Tere y yo incluso viajamos juntos para explorar posibles vecindarios, colegios y opciones de vivienda, imaginando cómo sería comenzar una nueva etapa allí. Sin embargo, cuando llegó la oferta formal, el salario estaba muy por debajo de lo esperado. El jefe de personal insistió en que el honor de trabajar en una institución tan venerable debía compensar la diferencia económica. Sonreí cortésmente, pero entendí que ese no era mi camino.

Poco después, mi gran amigo Manuel Castilla, entonces jefe del Departamento Internacional del National Bank of Washington, me habló de su colega y amigo Oakley Cheney, quien estaba buscando a alguien para liderar la nueva sección de Latinoamérica del First International Bank en Houston, Texas. La idea de regresar a Houston —una ciudad que Tere y yo siempre habíamos sentido como nuestro hogar adoptivo— era muy atractiva. Tras una larga conversación telefónica, Oakley me invitó a una entrevista personal. Desde el primer momento, su visión y entusiasmo me inspiraron confianza. Me ofreció un salario competitivo, un amplio margen de autonomía y la oportunidad de diseñar un departamento desde cero. Acepté la oferta con entusiasmo, sabiendo que era una oportunidad de crecimiento profesional y personal.

En febrero de 1977, Tere y yo nos mudamos a Houston, aunque al principio tuvimos que vivir separados: ella permaneció en Charlotte mientras terminaban de construir nuestra nueva casa. Yo me instalé temporalmente en un apartamento corporativo que el banco me había proporcionado. Aquellos meses fueron difíciles, pero la ilusión del nuevo comienzo compensaba la distancia. Finalmente, cuando nos reunimos en nuestro nuevo hogar, sentimos que habíamos alcanzado una etapa de estabilidad y plenitud.

Mi tarea principal era crear desde cero el Departamento Internacional para América Latina, afiliado al First National Bank of Dallas. Fue un reto mayúsculo, pero también una experiencia apasionante. Con el apoyo constante de Oakley, un banquero brillante, incansable y con un gran sentido estratégico, empezamos a trazar una red de relaciones en toda la región. Viajamos a México, Brasil, Argentina, Colombia y Chile, estableciendo vínculos sólidos con bancos corresponsales, empresas exportadoras y organismos financieros. En poco tiempo, habíamos convertido una idea en una estructura real, con operaciones rentables y una reputación impecable.

Con los años, fui ascendiendo hasta convertirme en jefe del Departamento y posteriormente en director de la División Corporativa. Más tarde, al fusionarse la institución, asumí la presidencia de la Banca Privada Internacional del Bank of America, donde trabajé durante 24 años. El banco cambió de nombre varias veces, y también cambiaron mis superiores: algunos excelentes, otros mediocres, y unos cuantos francamente incompetentes. Aprendí a adaptarme a todos, manteniendo la serenidad y el profesionalismo. Esa capacidad de resiliencia se convirtió en una de mis mayores herramientas de liderazgo.

Mientras establecíamos nuestra nueva estructura internacional en Bank of America, también creábamos una base de información para respaldar nuestro análisis de riesgos en cada país donde concentraríamos nuestros esfuerzos crediticios. Coincidentemente, Jimmy Carter acababa de asumir la presidencia de EE.UU., y a su vez George H.W. Bush había renunciado como director de la CIA, bajo el saliente presidente Gerald Ford. El entonces llamado embajador Bush, en busca de empleo, fue inmediatamente invitado a unirse a la junta directiva del banco. Bush y yo nos incorporamos al banco con apenas dos semanas de diferencia; él ocupó una oficina unos pisos por encima de la mía. La dirección del banco había decidido que, entre otras cosas, la considerable experiencia geopolítica del embajador Bush sería importante para nuestro análisis de riesgos internacionales. Tuve la fortuna de reunirme con él para analizar las perspectivas potenciales en cada país donde teníamos interés, siempre tomando nota para la correspondiente documentación de sus opiniones. En nuestras reuniones, el embajador Bush hablaba elocuentemente sobre cada país en mi agenda, mientras yo anotaba diligentemente cada palabra que salía de su boca. Después de nuestras reuniones de trabajo, casi siempre Bush me invitaba a quedarme unos minutos en su oficina para charlar, haciéndome preguntas sobre mis funciones en el banco y mi vida personal. Parecía genuinamente interesado en mí y fue muy amable. En varias ocasiones, nos invitó a Tere y a mí a cenas informales en su casa, con él y su esposa Barbara. ¿Cómo iba a saber que estos encuentros supuestamente intrascendentes resultarían en una relación para toda la vida, que también cambiarían drásticamente el curso de mi vida y la de Tere?

9. La industria bancaria navegando por tempestades

Durante las décadas de 1970 y 1980, Texas experimentó grandes incertidumbres económicas, en gran parte debido a las fluctuaciones en los sectores energético e inmobiliario. Las empresas que operaban en la industria de hidrocarburos (petróleo y gas natural) requerían grandes necesidades de capital y eran voraces deudores; naturalmente, los bancos se mostraban ansiosos por satisfacer esas necesidades y aprovechar esas oportunidades. Además, eran momentos en que los préstamos inmobiliarios resultaron igualmente atractivos para los bancos texanos. Finalmente, ambos mercados alcanzaron su cumbre y sufrieron un drástico derrumbe; casi ninguno de los grandes bancos texanos estaba preparado para ese revés de suerte; muchos quebraron mientras otros, eventualmente, se fusionaron desventajosamente con bancos financieramente más sólidos de Nueva York, California, Chicago y otras áreas.

Durante esos años ascendientes, descendientes, y nuevamente ascendientes, el First International Bank en Houston se transfiguró en las siguientes entidades: InterFirst, First Republic, NCNB Texas, NationsBank y, finalmente, Bank of America. Cambiar de nombre fue lo de menos; la plantilla del banco creció o mermó en el proceso, con las consecuentes disrupciones en las vidas, carreras y aspiraciones de cada empleado o ejecutivo impactado. Viviendo ese "juego" de sillas musicales corporativas, aprendí a adaptarme, sobrevivir e incluso a prosperar. Cuando InterFirst se fusionó con su archirrival, Republic National Bank of Dallas, el nuevo banco experimentó profundos cambios estratégicos, uno de los cuales resultó decisivo para mi carrera bancaria. Mi nuevo jefe me encargó que estudiara los depósitos internacionales en los numerosos bancos dispersos por nuestro recién fusionado sistema. Mi análisis reveló una considerable concentración de depósitos internacionales en Houston, Dallas, San Antonio y El Paso, y también indicaba que la mayoría de nuestros clientes residían en México. El elevado número de estos depósitos agregados representaba un inmenso potencial para nuestro banco recién reconstituido, y el cual aún se encontraba en dificultades financieras. Mi jefe y yo coincidimos en que existía suficiente masa crítica para justificar la consolidación de esa línea de negocio en un departamento emergente que se denominaría Banca Privada Internacional (BPI). Diseñamos BPI para gestionar y desarrollar de forma cohesiva ese atractivo segmento de mercado. Me sorprendió recibir una oferta para dirigir esa nueva iniciativa. En ese momento, me ufanaba por ser banquero comercial, no banquero minorista. Al principio, no vi los beneficios potenciales para mi carrera de la nueva oportunidad, así que rechacé cortésmente la oferta. Mi jefe escuchó mi resistencia, pero me indicó que yo no entendía del todo la situación. Me preguntó si sabía que lo que me ofrecía era el único puesto disponible para mí en el nuevo banco. Sin preámbulos, en un abrir y cerrar de ojos, tragué en seco y acepté la oferta con gratitud.

Después de estar unos cortos días deprimido por el nuevo e inesperado rumbo en que se encaminaba mi carrera bancaria, tuve que considerar en cómo poner mi mejor cara a este repentino cambio de carrera. Decidí cambiar mi perspectiva, sacarles provecho a las circunstancias, y hacer de limones limonada. Me centré en crear un nuevo departamento que ejemplificara las buenas prácticas bancarias, las gestiones financieramente sanas y la máxima rentabilidad. Estudié las peculiaridades del nicho de mercado de la gestión patrimonial internacional y reconocí desde el principio que, más allá de la rentabilidad y el desarrollo empresarial, la prevención del blanqueo de capitales y el cumplimiento de normativas se convertirían en una piedra angular de este segmento bancario. Por consiguiente, viajé extensamente por nuestra franquicia de Texas, conocí a mi nuevo equipo, aprendí sobre su base de clientes y me di cuenta de la gran disparidad de estándares y sistemas operativos que existía en cada oficina. Gestionar un equipo tan grande y diverso presentó nuevos retos de liderazgo. Tras solicitar la opinión de mi equipo, no tardé mucho en identificar los retos a afrontar e implementar los cambios necesarios. Creamos una estructura operativa mejorada y uniforme, consiguiendo la aceptación de los cambios estructurales por los líderes de mi grupo. Estos líderes del mercado comenzaron a reportarme de forma eficiente, centrando su atención en iniciativas sólidas de desarrollo empresarial, sistemas operativos eficientes y la satisfacción del cliente. El tamaño, la magnitud y la rentabilidad de nuestro negocio creció de forma exponencial, lo que puso a nuestro grupo en una mayor relevancia dentro del banco. Bob me apoyó, reconoció mi empeño y me expresó su satisfacción por haber superado mi inicial objeción, habiéndome puesto a la altura de las circunstancias.

10. Banquero y vaquero. Evolución corporativa

El ritmo y la presión del trabajo comenzaron a pasarme factura; estaba irritable y agotado. Tere y yo decidimos buscar una distracción y compramos una pequeña finca cerca de Navasota, Texas, a hora y media de Houston. La bautizamos Rancho Q-TEX, mezcla de cubano y texano. Con el tiempo tuvimos vacas, toros, caballos y tractores: una vida completamente distinta a la urbana. Aprendí tareas rurales, disfruté del contacto con la tierra y, por unos días cada semana, olvidaba las tensiones del banco. Sin embargo, el rancho consumía nuestras energías y recursos. A medida que los niños crecían y nuestras responsabilidades aumentaban, decidimos venderlo, orgullosos de haber dejado la propiedad mejor que como la encontramos. Fue una experiencia maravillosa… pero irrepetible.

Mientras tanto, el panorama bancario se deterioraba. En 1988, la crisis nacional de cajas de ahorro arrastró a numerosos bancos, incluido el First Republic Bank, que fue intervenido y vendido al grupo NCNB Corporation de Carolina del Norte. Nuestro banco pasó a llamarse NCNB Texas, y la nueva dirección impuso cambios drásticos. Fue un período difícil y estresante: debía mantener la confianza de los clientes mientras el sistema colapsaba. Gracias al trabajo de mi equipo, logramos conservar la mayoría de los depósitos, y eso atrajo la atención de Jim Berry, nuevo director del mercado de Houston, quien se convirtió en mi mentor y defensor.

El banco se expandió rápidamente, absorbiendo otras instituciones y adoptando nuevos nombres: primero NationsBank, y finalmente Bank of America, tras fusionarse con una entidad mayor pero más débil. En cada reorganización, sobreviví al frente de la Banca Privada Internacional, dirigiendo un equipo con presencia nacional e internacional —en Estados Unidos, México, Reino Unido, Canadá, las Islas Caimán y Asia—.

Recibí el Premio Corporativo a la Excelencia, en reconocimiento a la alta rentabilidad, la satisfacción del cliente y la calidad del liderazgo. Me enfoqué siempre en equilibrar tres principios: servir al cliente, fortalecer al equipo y ofrecer resultados a los accionistas. A lo largo de los años desarrollé mi propio enfoque de gerencia y liderazgo:

Administración y liderazgo son cualidades críticas para el triunfo de un equipo

- Administración consiste en afrontar las complejidades; el liderazgo consiste en enfrentarse a los cambios.

- Un ejército se administra, pero los soldados se lideran en las batallas.

- La gerencia y el liderazgo deciden sobre: acción, delegación y continuidad.

- Un gerente se concentra en planificar, presupuestar, marcar objetivos, y garantizar el cumplimiento de ellos.

- Un líder debe de poseer: dirección, visión, estrategia, comunicación, y confianza en sí mismo.

- Los gerentes no son necesariamente líderes; los líderes no son necesariamente gerentes.

- ¡Los gerentes que también son líderes son un género muy especial!

Las lecciones de gerencia y liderazgo que afiné durante mi carrera bancaria me resultaron muy útiles durante mis años en el gobierno estadounidense. De hecho, también he podido aplicar esos preceptos en muchas de mis interacciones sociales y familiares. A medida que la industria bancaria continuó evolucionando, también progresó la complejidad de la banca privada internacional. Progresivamente implementamos un intenso período de reestructuración de nuestra área bancaria. Nuestros esfuerzos dieron buenos frutos; definimos el proceso necesario para el cambio, logramos convencer a todo nuestro equipo, y lo implementamos. Me convertí en un agente de cambio eficaz, aprendiendo a motivar a mi equipo hacia nuestro objetivo común. Recibí un gran apoyo en nuestros esfuerzos de reingeniería gracias al soporte y la asesoría de nuestros gerentes que demostraron ser excepcionalmente talentosos, dispuestos a innovar y a salir de su zona de comodidad. La dedicación profesional y sólidas habilidades de liderazgo de mi equipo me llevaron al éxito en las últimas etapas de mi carrera bancaria.

11. La familia Bush

Después de dos años como consejero del banco donde yo trabajaba, el embajador George H.W. Bush decidió comenzar su campaña para la nominación republicana a la presidencia de Estados Unidos. Su principal contrincante era Ronald Reagan, quien pocos años antes había terminado su mandato como gobernador de California. El candidato del partido entonces se enfrentaría al presidente Jimmy Carter, quien aspiraba a ser reelegido como representante del Partido Demócrata. Lógicamente, el embajador Bush renunció a sus numerosas responsabilidades corporativas y cívicas, y también dejó sus funciones en la junta directiva del First International Bank en Houston. Dado que deseaba mantener su relación financiera con el banco, fui recomendado para que me encargara de la relación entre los Bush y el banco. Si bien la actividad bancaria y de George y Barbara Bush no encajaban dentro de mi modelo corporativo, la dirección del banco permitió hacer una excepción. Mi relación como banquero privado de los Bush duró más de dos décadas, desarrollándose en una estrecha relación a nivel personal hasta sus respectivos fallecimientos en 2018. Para mí fue un gran honor conocerlos, quererlos y servirles.

Durante las primarias presidenciales y la campaña general de 1980, el país vivió una reñida campaña contra el presidente Jimmy Carter y el vicepresidente Walter Mondale. Finalmente, Ronald Reagan y George H.W. Bush salieron triunfantes, ocupando los cargos de presidente y vicepresidente por dos términos consecutivos por la totalidad de los siguientes ocho años. A ese importante período de la historia de nuestro país le siguió la elección del vicepresidente Bush como el 41.º presidente de la nación en 1988. Durante esos doce años, ser banquero de los Bush me brindó la oportunidad de mantenerme en contacto con ellos y con selectos miembros de su personal, en particular con Don Rhodes, a quien el Sr. Bush designó como mi contacto directo. Don y yo nos llevamos muy bien; era accesible, eficiente y discreto. Fue un placer trabajar con él. Ese temprano contacto con la política despertó en mí

Imagen 3. Eduardo Aguirre y el presidente George H.W. Bush en el Despacho Oval, Washington D.C. (1992).

una chispa que me impulsó a participar como voluntario en las campañas políticas republicanas de Texas y, posteriormente, a ocupar varios puestos gubernamentales a nivel municipal, estatal, y nacional. Fui recomendado para que el gobernador de Texas, William Clements me nombrara miembro del Consejo Estatal de Capacitación y Coordinación Laboral de Texas. Este era un puesto en una junta directiva enfocada en la preparación de la fuerza laboral tejana, y requería reuniones periódicas en Austin, capital de Texas, situada a pocas horas en coche de Houston. Asistir a esas reuniones en Austin me dio la oportunidad de forjar amistad con otros voluntarios políticos con quien compartíamos ideas afines. El gobernador Clements expresó su satisfacción con mi desempeño en ese puesto, después nominándome para cubrir un puesto vacante como miembro público de la Junta Directiva del Colegio de Abogados del Estado de Texas. El proceso de ese nombramiento tuvo interesantes variantes. El gobernador presentó una lista de candidatos a la Corte Suprema de Texas, con mi nombre ocupando el primer lugar. Actuando bajo un protocolo preestablecido, la Corte Suprema de Texas seleccionó mi nombre de esa lista, nombrándome miembro del Colegio de Abogados del Estado de Texas, un nombramiento finalmente sujeto a la ratificación por Senado de Texas.

Un requisito para el puesto era no ser abogado, de ahí el término "miembro público", con el propósito de brindar cierta supervisión pública independiente a la profesión legal en Texas. Ocupé ese puesto de 1990 a 1992. Fue una tarea gratificante y educativa que me permitió conocer personalmente a muchos distinguidos abogados y jueces estatales y federales. Cuando terminó mi mandato, como reflejo de mi papel activo y positivo en la junta, los líderes del Colegio de Abogados del Estado me designaron para el Consejo Directivo de la Fundación del Colegio de Abogados de Texas y fui elegido presidente, siendo el primer no-abogado en ocupar ese puesto. En noviembre de 1994, George W. Bush, primogénito del expresidente de EE.UU. George H.W. Bush, fue elegido el 46º gobernador de Texas. Un año después de su elección, en septiembre de 1995, me nombró para un término de seis años a la Junta de Regentes del Sistema Universitario de Houston (UHS).

12. Junta de Regentes del Sistema Universitario de Houston

El Sistema Universitario de Houston (UHS) estaba conformado por cuatro universidades acreditadas: la Universidad de Houston (UH), su campus principal y emblema; la UH-Downtown (UH-D), entonces una institución de admisión abierta; y las universidades más pequeñas UH-Victoria (UH-V) y UH-Clear Lake (UH-CL). En conjunto, el sistema atendía a unos 52.000 estudiantes distribuidos en sus distintos campus.

Antes de cumplir mi primer año en la Junta de Regentes, mis colegas me eligieron presidente, una responsabilidad que asumí con orgullo y sentido de deber. Me enfoqué en fortalecer la estructura del sistema, optimizar la gestión de recursos y, cuando fue necesario, renovar liderazgos en los distintos campus. Colaboré estrechamente con los rectores para modernizar instalaciones, crear nuevas oportunidades académicas y asegurar que cada decisión contara con el apoyo del profesorado. Me sentí especialmente satisfecho al ver que todos los cambios fueron aprobados por consenso, reflejando un espíritu de cooperación institucional.

Durante esos años, tuve el honor de ofrecer discursos de graduación en distintas universidades de Estados Unidos, República Dominicana y China. Recibí tres doctorados *honoris causa* —de la Universidad Tecnológica de Santiago (1996), la Universidad de Houston (2003) y la Universidad de Connecticut (2005)—, además de un título honorario de asociado en artes del Miami Dade College (2005) y cátedras honorarias en la Universidad Politécnica de Pekín y la Universidad Central para las Nacionalidades, ambas en Pekín. Cada ceremonia fue una oportunidad para reflexionar sobre cómo mi educación universitaria abrió puertas que jamás habría imaginado, permitiéndome contribuir tanto al mundo empresarial como al académico.

Mi paso por el UHS fue una de las experiencias más gratificantes de mi vida. Aprendí que el ámbito académico difiere profundamente del empresarial: mientras el segundo se rige por la competencia y los resultados medibles, el primero responde a ideales más intangibles —la búsqueda del conocimiento, la vocación docente y la formación de nuevas generaciones—. Observé profesores apasionados por educar y otros atrapados por la rigidez de la titularidad, pero todos formaban parte esencial del ecosistema universitario.

Con el tiempo comprendí que una universidad alcanza su verdadero potencial cuando transmite conocimiento mediante la enseñanza y lo genera mediante la investigación. Haber contribuido, junto con mis compañeros regentes, a fortalecer los cimientos del Sistema Universitario de Houston fue un privilegio inmenso. Hoy, al ver cómo la UHS continúa creciendo y consolidándose como una institución de excelencia, siento un profundo orgullo por haber formado parte de su evolución hacia el nivel de grandeza que tan justamente merece.

13. Servicio en el Gobierno Federal

Como comenté anteriormente, cuando George H.W. Bush asumió la vicepresidencia, me mantuve en contacto con él como su banquero personal, pudiendo seguir su trayectoria política gracias a los reportajes mediáticos sobre sus actividades dentro de la Administración del presidente Reagan. Si bien Reagan y Bush fueron fuertes adversarios durante la campaña de las primarias, Bush demostró una firme lealtad a Reagan durante ambos mandatos presidenciales. A mediados de los años ochenta, el asistente de Bush, Don Rhodes, me preguntó si estaría interesado en un nombramiento presidencial como subdirector del Banco Interamericano de Desarrollo (BID). Viajé a Washington para entrevistarme con José Manuel Casanova, un cubanoamericano de Miami y entonces director ejecutivo del banco. Aunque la entrevista fue cordial, su actitud reservada y sus comentarios sobre ser el "creador de reyes" de la Administración Reagan me hicieron dudar. Intuí que trabajar con él no sería lo adecuado.

Antes de regresar, visité a Don Rhodes en la Casa Blanca, quien me recibió con afecto e invitó a un café en el comedor de la Armada estadounidense, junto a la Sala de Situaciones. Luego me mostró el Ala Oeste, donde el ambiente vibraba con actividad y simbolismo: retratos presidenciales, asesores apresurados y marines impecables en cada puerta. Fue una experiencia fascinante y sobrecogedora, que despertó en mí una profunda admiración por el poder y el servicio público.

Al regresar a Houston comprendí que el puesto en el BID no era lo adecuado y que no quería someter a Tere y a nuestros hijos a un cambio tan grande, especialmente sin suficiente estabilidad económica. Le expliqué mi decisión a Don Rhodes, quien lo entendió y prometió contactarme si Bush llegaba a la presidencia, lo que sucedió en 1989.

A finales de 1990, Don cumplió su palabra: la Casa Blanca me ofreció un puesto en la Comisión Nacional de Política de Empleo, un cargo a tiempo parcial y no remunerado, basado en mi experiencia en el Consejo de Capacitación Laboral de

Texas. La comisión asesoraba al poder ejecutivo y al Congreso en políticas de empleo y formación laboral, y estaba integrada por comisionados de distintos sectores del país. Esa experiencia me introdujo al funcionamiento político de Washington, las audiencias públicas y la relación entre funcionarios y políticos. Aprendí a dirigir reuniones conforme a la Ley de Reuniones Abiertas y a gestionar los complejos reglamentos federales de gastos oficiales.

Tras la derrota de Bush en 1993, recibí una breve carta de despido de la Casa Blanca. Durante los años de Clinton, me concentré en mi trabajo bancario, la Junta de Regentes de la UHS y mi familia. No participé activamente en política, aunque seguí la campaña de George W. Bush en 1999-2000 y contribuí modestamente con mil dólares. Me reuní varias veces con él por temas universitarios y mantuve el contacto con George y Barbara Bush como su banquero y amigo. Por eso, no me sorprendió que poco después de su investidura, en enero de 2001, la Casa Blanca, a través de Dina Powell, me contactara en nombre del presidente.

El mismo día que Dina Powell me llamaba desde la Casa Blanca, yo sorprendía a Tere con una escapada romántica por el Día de San Valentín. Sin revelar el destino, le pedí que hiciera las maletas para un viaje misterioso a la playa. A la mañana siguiente volamos a las Islas Caimán para disfrutar cinco días desconectados.

Al regresar, la grabadora del teléfono estaba llena de mensajes urgentes de Dina y de la operadora de la Casa Blanca. Al devolver la llamada, supe que el presidente quería que me incorporara a su Administración. Como tenía planeado un viaje a Washington, me reuní con Dina pocos días después. La conversación fue cordial y productiva; analizamos posibles cargos, entre ellos la Embajada en Costa Rica —que rechacé por motivos familiares— y la vicepresidencia del Banco de Exportación e Importación (Ex-Im Bank), que despertó mi interés por mi experiencia bancaria internacional.

Dina me pidió mantener confidencialidad hasta que hubiera una decisión oficial. Al volver a Houston, compartí la noticia con Tere, quien, entusiasmada, insistió en acompañarme a Washington: "¿Hablas en serio? ¡Tengo que proteger mi inversión!". Decidimos no vender nuestra casa y buscar alojamiento temporal. Solo informamos a unas pocas personas, entre ellas mi jefe, quien escuchó con comprensión mi deseo de servir al país y apoyó mi decisión.

Mi jefe me aseguró que un nombramiento presidencial confirmado por el Senado impulsaría mi carrera y, para facilitar mi decisión, adelantó mi bono anual. Su apoyo fue decisivo para aceptar seguir adelante con el proceso.

Dina Powell me animó a explorar otras opciones además del Ex-Im Bank, y consulté a mi amigo Chase Untermeyer, exjefe de Personal Presidencial. Juntos redujimos las posibilidades a tres: Ex-Im, Tesoro y Comercio. El Ex-Im seguía siendo mi preferencia, así que Dina organizó una reunión con Mel Sembler, nominado a presidente del banco. Mel, exembajador y exitoso empresario, y yo conectamos de inmediato; compartíamos visión y estilo. Sin embargo, su nominación fue retirada por conflictos de intereses financieros, y más tarde fue designado embajador en Italia.

El nuevo candidato, John Robson, era un reputado exsubsecretario del Tesoro, pero nuestra entrevista fue fría y distante. Aun así, decidí continuar con el proceso. Completé los extensos formularios del gobierno —más de 40 horas de trabajo— y pasé una investigación del FBI de 334 páginas sin contratiempos.

Comencé a preparar mi salida del banco, recomendando a mi sucesor, mientras esperaba la confirmación del Senado. El 22 de mayo de 2001, el presidente Bush me nominó oficialmente como primer vicepresidente y director de Operaciones del Banco de Exportación e Importación de Estados Unidos. Dos días después, un senador cambió de partido, dando a los demócratas la mayoría y complicando el proceso de confirmación. Lo que iba a ser una transición rápida se convirtió en siete meses de espera incierta. A medida que transcurrían los meses posteriores a mi nominación, las sutiles presiones de mis jefes en el banco me pedían que anunciara mi fecha de salida. Sin embargo, yo era consciente de que si dejaba el banco prematuramente me encontraría en un vacío: sin trabajo, sin ingresos y sin seguro médico apoyado ni por el banco ni por el gobierno. Mientras reflexionaba sobre mi decisión, el destino intervino de una manera drástica la mañana del 11 de septiembre de 2001. Mientras compartía el coche para ir al trabajo con mi amigo, el juez federal Manuel Leal, nos enteramos de que un avión se había estrellado contra la torre norte del World Trade Center, en la ciudad de Nueva York. Sin entender la gravedad de la situación, continuamos nuestra conversación. En ese momento, no podíamos comprender la secuencia de los acontecimientos de ese día ni el impacto que tendrían en nuestro país y el mundo.

Al llegar a la oficina, vi en directo cómo el segundo avión impactaba la torre sur del World Trade Center. Me quedé paralizado y, al instante, sentí una profunda indignación y un renovado sentimiento patriótico. Decidí adelantar mi jubilación del Bank of America, tras 24 años, y mudarme a Washington, D.C. para servir a mi país.

Sin embargo, pronto entendí que mi presencia allí no aceleraba mi confirmación en el Senado, bloqueada por el senador Chris Dodd de Connecticut. La causa era un juego político: aunque había dos vacantes en la junta del Ex-Im Bank, el presidente Robson prefería mantenerlas abiertas, lo que detenía mi nombramiento y el de Joseph "Joe" Grandmaison, candidato demócrata al otro puesto.

Buscando una salida, pedí ayuda a mi amigo John O'Quinn, influyente abogado y donante demócrata. Gracias a su mediación, recibí una llamada del senador Dodd, quien me elogió como "gran americano" pero dejó claro que mi confirmación solo avanzaría si la Casa Blanca también enviaba la nominación de Grandmaison. Concluyó diciendo: "No es nada personal".

Agradecí su cortesía, aunque me sentí atrapado entre intereses políticos ajenos. Me sorprendía que, incluso tras los atentados del 11 de septiembre, Washington siguiera moviéndose al ritmo de sus juegos de poder habituales.

Intenté reunirme con John Robson para recibir orientación, pero siempre me evitó. En nuestra única conversación, me pidió que no me acercara al Ex-Im Bank hasta ser confirmado, argumentando que podría perjudicar mi proceso en el Senado. En contraste, Dina Powell se mantuvo accesible y consiguió que me nombraran en un puesto presidencial de Lista C, lo que me permitió incorporarme al gobierno el 15 de octubre de 2001, con salario y seguro médico.

Me asignaron una diminuta oficina frente a la que sería mi futuro despacho como vicepresidente, con la advertencia de no ocuparla hasta la confirmación. Pronto comprendí que el gobierno operaba muy distinto al sector privado. Robson había instruido a su equipo para mantenerme al margen: no podía asistir a reuniones ni participar en decisiones. Solo se me animó a estudiar a fondo el funcionamiento del banco.

Cada día recibía carpetas con información sobre la historia, políticas y operaciones del Ex-Im, además de sus vínculos con el Tesoro, el Departamento de Estado y el Comercio. Aunque frustrante, ese tiempo me permitió conocer la institución y al personal que luego dirigiría.

Creado en 1934 bajo Franklin D. Roosevelt, el Ex-Im Bank es una agencia federal que respalda exportaciones estadounidenses, con una cartera de 60.000 millones de dólares y más de 500 empleados. Su labor, poco conocida por el público, es clave para el empleo, la competitividad y la balanza comercial del país.

El Ex-Im Bank es la agencia oficial de crédito a la exportación de Estados Unidos, encargada de financiar exportaciones cuando los bancos privados no asumen los riesgos políticos o comerciales. Su junta directiva está compuesta por cinco miembros designados por el presidente, además del secretario de Comercio y el representante Comercial de EE.UU.

Durante mi tiempo allí, se priorizaban transacciones en sectores como transporte, energía, alta tecnología y agricultura. Me preparé intensamente para el cargo, estudiando documentos y operaciones del banco, aunque la falta de actividad práctica me resultaba frustrante.

A las pocas semanas, el presidente John Robson cayó gravemente enfermo y se le diagnosticó cáncer cerebral. Su ausencia dejó al banco sin quórum, paralizando operaciones por unos 250 millones de dólares semanales, lo que generó críticas públicas.

En ese contexto, finalmente se programó mi audiencia de confirmación para el 15 de noviembre de 2001, aunque la vacante demócrata seguía sin cubrir y el senador Chris Dodd mantenía su bloqueo. Antes de la audiencia, visité a varios senadores del Comité Bancario, incluido Phil Gramm, quien me aseguró su apoyo, y Paul Sarbanes, quien fue cordial y profesional.

El senador Sarbanes estableció una conexión personal entre su origen griego y mi historia inmigrante, lo que me hizo sentir cómodo. Sus preguntas fueron sustanciales y pude responderlas con seguridad. Al despedirnos, bromeé sobre el "asiento caliente" del testimonio, lo que alivió el ambiente y marcó el inicio de una buena relación.

Durante la audiencia pública, el senador Phil Gramm me presentó con entusiasmo, seguido de palabras amables de Kay Bailey Hutchison. Tener el apoyo de ambos senadores de Texas fue un gran honor. Tras agradecer la presencia de Tere, hice una breve declaración sobre mi origen humilde y mi gratitud por servir a mi país adoptivo. Gramm bromeó diciendo que EE.UU. debía agradecer a Fidel Castro por inspirar a tantos cubanos productivos.

Sarbanes repitió algunas preguntas previas, permitiéndome ofrecer respuestas concisas. En conjunto, la audiencia fue una experiencia cordial y gratificante.

Tere y Jorge, mi suegro, se mudaron a nuestro apartamento en Washington, D.C. en noviembre, lo que mejoró mi calidad de vida al instante. Felizmente, unos amigos nos invitaron a Tere y a mí a pasar el Día de Acción de Gracias. Lo pasamos de maravilla, consumiendo extraordinarias cantidades de comida y bebida. Y entonces, sufrí otro extraño vuelco en mis primeros días en Washington, D.C.

14. Señor, usted está gravemente enfermo

El viernes posterior al Día de Acción de Gracias sentí un fuerte malestar en el pecho que atribuí a indigestión, pero mi estado empeoró rápidamente. Con fiebre y dolor agudo, a las 3:30 h del domingo, Tere me llevó de urgencia al Hospital Universitario George Washington. Pensé que tenía un infarto, por lo que me atendieron de inmediato.

Tras varias pruebas, el médico me informó que mi vesícula biliar se había roto, provocando peritonitis y sepsis, una infección potencialmente mortal. Atónito, pedí que me estabilizaran para volar a Houston, pero el cirujano, el Dr. Hamilton, me advirtió con firmeza: "No puede salir del hospital; está gravemente enfermo".

Preso del pánico, logré comunicarme con mi médico personal en Houston, quien después de hablar con el Dr. Hamilton me dijo: "¡Eduardo, cállate! ¡Te estás muriendo! ¡Haz lo que dice el Dr. Hamilton!". Sin alternativa, firmé los documentos y comencé el tratamiento. Mientras la morfina me sumía en la inconsciencia, pensé que mis problemas con el Senado y el Ex-Im Bank habían quedado muy atrás.

A pesar del tratamiento con antibióticos, la infección no cedía y permanecí entre la conciencia y la inconsciencia durante varios días. Noté con preocupación que Tere había decidido quedarse a mi lado en el hospital, dejando solo a Jorge, cuyo estado de salud empeoraba. Comprendí que lo había hecho porque yo estaba en mayor peligro. Convencido de que estaba al borde de la muerte, comencé a rezar.

Un sacerdote acudió al hospital y me dio la extremaunción y el viático, negándose a confesarme al asegurar que mis pecados ya estaban perdonados. En uno de mis momentos de lucidez, bromeé con Dios: "Señor, si no querías que me mudara a Washington, ¡no hacía falta tanto dramatismo!".

Cuando la infección se estabilizó, el Dr. Hamilton me operó con éxito. Seis días después, salí del hospital debilitado pero con vida y volé a Houston para recuperarme. Mi experiencia me hizo ver mis problemas con el Senado como triviales.

Mientras convalecía, el 20 de diciembre de 2001, el Senado finalmente confirmó mi nombramiento junto a J. Joseph Grandmaison. Al día siguiente, el juez Manuel Leal me tomó juramento como primer vicepresidente y director de Operaciones del Ex-Im Bank, además de presidente interino. Tras tanta espera, el momento fue más un alivio que una celebración. Descansaba tranquilamente en casa durante las fiestas navideñas, cuando Peter Saba, el abogado de Ex-Im Bank, me llamó. Me informó que los dos meses de inactividad de la Junta Directiva del Ex-Im habían acumulado una cartera de aproximadamente dos mil millones de dólares en transacciones pendientes, ¡y que la Casa Blanca quería que se procesaran ¡YA! Me alertó de que pronto llegarían a mi puerta cajas de documentos con análisis de crédito y propuestas para la junta que se iba a celebrar. Necesitaba actuar y prepararme rápidamente para presidir una reunión virtual de la junta desde las oficinas del Ex-Im en Houston.

Dos días después de Navidad, celebramos dos intensas jornadas de reuniones de la junta para resolver la acumulación de expedientes pendientes. El 2 de enero de 2002, finalmente entré en mi nueva oficina del Ex-Im Bank, listo para comenzar tras siete largos meses de espera.

El 15 de febrero se realizó mi ceremonia oficial de juramentación en el salón principal del Ex-Im, con la presencia de colegas, amigos y el asesor legal de la Casa Blanca, Al González, quien me tomó juramento. El secretario de Vivienda, Melquíades "Mel" Martínez, pronunció un inspirador discurso. Antes del evento, lo visité para invitarlo como invitado de honor y, al conversar, descubrimos con asombro que había viajado junto desde Cuba en 1962, en el mismo vuelo que trajo a mi hermano Luis Gustavo. Ese reencuentro selló una amistad que perduraría toda la vida.

Mientras tanto, el presidente John Robson seguía ausente por enfermedad y no aceptaba visitas. Sin información clara sobre su estado, comprendí que el banco no podía detenerse. Al consultar con la Casa Blanca, Gary Edson me transmitió que el presidente esperaba que actuara con autonomía. El 20 de marzo de 2002, mientras asistía a una conferencia en Roma, recibí la llamada de Peter Saba informándome del fallecimiento de Robson. Regresé de inmediato a Washington para asistir a su funeral.

Mis primeros meses en el Ex-Im Bank fueron intensos y desafiantes, como intentar beber agua de una manguera a presión. Debía tomar decisiones rápidas y acertadas, sin margen para la procrastinación. Trabajaba largas jornadas, aprendiendo las fortalezas y debilidades de mi equipo y estableciendo las agendas de las reuniones de la junta.

Conté con el apoyo clave de Michael Petrucelli, quien pronto se convirtió en mi jefe de Gabinete, y de Jim Lambright, ambos competentes y comprometidos con la misión del banco. En cambio, algunos funcionarios, aún leales a Robson, mostraron resistencia a mi liderazgo. Les dejé claro: "Este tren ya está en marcha. O suben, o se quedan en la estación".

Rápidamente advertí una profunda disfunción cultural en la institución, resultado de los conflictos internos durante la Administración Clinton y del vacío de liderazgo tras la enfermedad de Robson. Para enfrentar esa crisis, organicé un seminario ejecutivo dirigido por mi amigo Phil Krouse, quien diagnosticó el problema sin rodeos: "Eduardo, este es el grupo más disfuncional que he visto. ¡Vas a necesitar suerte!".

Comprendí entonces que el cambio por consenso sería demasiado lento. Decidido a transformar la institución, formé un equipo de confianza para impulsar reformas de gobernanza y eficiencia, recordando siempre las palabras de Petrucelli: "No dejemos que lo perfecto sea enemigo de lo bueno".

Con el tiempo, nuestras discusiones internas se volvieron improductivas, incluso combativas. Así que amplié mi círculo de escucha a seleccionados exportadores, colegas clave y respetados en el ámbito intergubernamental, y algunas organizaciones de comercio exterior. Clay Johnson, jefe de Personal de la Casa Blanca, fue un valioso asesor. Combinando sugerencias internas y externas, tomé lo que me parecieron las mejores ideas y procedí a anunciar los cambios que la organización necesitaba con urgencia.

El 26 de junio de 2002, envié al personal del Ex-Im un mensaje de una página y media que comenzaba con las siguientes declaraciones:

El liderazgo del Ex-Im renovará los aspectos estratégicos, las estructuras organizativas y los procedimientos comerciales del banco

El objetivo general es lograr un Ex-Im que sea:

- Centrado en el cliente, no en la burocracia.

- Orientado a resultados, no a procesos.

- Basado en los mercados: promovernos activamente la innovación y el libre comercio.

Misión y Premisas Básicas del Banco

- Atender de manera eficiente y eficaz a los exportadores, maximizando su accesibilidad al banco.

- Nuestros principales clientes son exportadores que necesitan el apoyo del Ex-Im y cuyas exportaciones no se realizarían sin nuestro apoyo (adicionalidad).

- Aplicar prácticas sólidas de gestión crediticia y de riesgos.

- Allegarnos al sistema financiero comercial para multiplicar nuestras capacidades.

15. "¡Ve y ayuda al amigo Musharraf!"

Tras los atentados del 11 de septiembre de 2001, el presidente Bush lanzó la Operación Libertad Duradera para eliminar a Al Qaeda y derrocar al régimen talibán en Afganistán. Pakistán jugó un papel crucial al facilitar la logística de la OTAN, especialmente en el suministro de combustible.

El 13 de febrero de 2002, durante la visita del presidente Pervez Musharraf a la Casa Blanca —y tras coincidir con él en una recepción—, fui invitado a encabezar una misión comercial a Islamabad junto con la Overseas Private Investment Corporation (OPIC). Bush me dijo: "Pakistán nos está ayudando; ve a ver qué quiere Musharraf".

En la tercera semana de febrero, nuestra delegación viajó a Islamabad vía Manchester, tras ser desaconsejado el vuelo directo por motivos de seguridad, especialmente tras el reciente asesinato del periodista Daniel Pearl. En el vuelo de Pakistan International Airways (PIA), sufrí la absurda experiencia de sentarme en un asiento "no fumador" junto a otro "para fumadores".

En Islamabad, me reuní con el ministro de Finanzas Shaukat Aziz, quien solicitó apoyo para modernizar la flota aérea de PIA con aviones Boeing 777 y 787. Coincidí con él en la urgencia de hacerlo —mi vuelo lo confirmaba—, aunque le expliqué con cautela que su país no cumplía los estándares crediticios necesarios para aprobar una operación de tal magnitud.

Tras una sesión informativa en la Embajada de EE.UU. y una reunión con la embajadora Wendy Chamberlin, nuestra delegación se dirigió en caravana militar al palacio presidencial para reunirse con el general Pervez Musharraf. Como jefe de delegación, me senté junto a él, quien recordó nuestra conversación en Washington y, con humor, mencionó mi desagradable vuelo para insistir en su petición de apoyo a la compra de nuevos aviones para PIA.

Durante el intercambio de obsequios, le entregué un águila de cristal en nombre de nuestra delegación. Musharraf me ofreció una caja envuelta como regalo, pero, al dejarla sobre una bandeja según me indicó un ayudante militar, desapareció misteriosamente. Nunca supe qué contenía.

Al regresar, el vuelo fue impecable: el capitán incluso me aseguró personalmente que nadie fumaría a bordo. Ya de vuelta en el Ex-Im Bank, nos concentramos en cumplir la solicitud pakistaní, equilibrando apoyo político y rigor financiero. Gracias al ingenio de Bob Morin, diseñamos una estructura de crédito viable.

El 14 de noviembre de 2002 se firmó la venta de ocho Boeing 777 y 787 por 1.500 millones de dólares, financiada por el Ex-Im. Años después, el 23 de marzo de 2006, el gobierno de Pakistán me otorgó la Gran Cruz de la Orden del Gran Líder (Hilal-e Quaid-i-Azam) en reconocimiento a nuestra cooperación.

La misión a Pakistán fue seguida por una visita a Moscú y San Petersburgo en julio de 2002. En ese momento, el presidente Bush buscaba estrechar la relación con Vladimir Putin, y el Ex-Im Bank podía jugar un papel en ese acercamiento. Había conocido brevemente a Putin en Washington en mayo, y nuestro viaje fue resultado de ese encuentro. El objetivo era promover cooperación con bancos rusos y apoyar exportaciones estadounidenses en sectores como agricultura, medicina, minería y aviación. Sin embargo, no se concretaron acuerdos relevantes.

Durante mis reuniones con funcionarios y empresarios rusos, noté profundas diferencias culturales y comerciales. Aunque el trato fue cordial, la sinceridad me parecía dudosa. En la embajada, el personal bromeaba sobre una iglesia cercana, supuestamente llena de equipos de espionaje, a la que llamaban "Nuestra Señora de la Perpetua Vigilancia". Regresé con sentimientos mixtos, recordando las palabras de Reagan: "Confía, pero verifica".

Poco después, el 23 de julio de 2002, el presidente Hipólito Mejía de la República Dominicana visitó la Casa Blanca. El presidente Mejía quería expresar su agradecimiento y también obtener adicionales créditos para las exportaciones estadounidenses a sectores económicos críticos, como las telecomunicaciones, la electricidad, el transporte, y el medio ambiente. La comida fue un éxito y generó mayor interés de colaboración entre nuestros países. Le expresé al presidente Mejía mi apreciación por su hermoso país, ya que había visitado la República Dominicana durante mi etapa como presidente de la UHS, donde recibí un doctorado *honoris causa* de la Universidad Tecnológica de Santiago de los Caballeros. Al final de la cordial comida, acepté la invitación del presidente Mejía para nuevamente visitar su país, junto con mi esposa, lo cual hicimos a mediados de noviembre. Mientras me preparaba para ese viaje, descubrí que el presidente Mejía planeaba honrarme con la Orden de Cristóbal Colón, con grado Gran Oficial, durante mi visita. Tras obtener la necesaria autorización del Departamento de Estado, el 19 de noviembre de 2002, acepté este alto honor en el palacio presidencial de Santo Domingo de manos de mi nuevo amigo, el presidente Mejía. Más de una vez, mientras recibíamos halagos y finos gestos por estas personalidades, Tere y yo nos mirábamos, preguntándonos si todo aquello era real o un sueño insólito.

16. Adiós Ex-Im, hola Seguridad Nacional

Para mi segundo semestre en el Ex-Im, todo marchaba mucho mejor: el personal mostraba compañerismo y la productividad aumentaba. El presidente Bush firmó nuestra reautorización el 14 de junio de 2002, y yo informaba regularmente a la Casa Blanca sobre nuestros progresos. Recibí comentarios positivos y empecé a aspirar al puesto de presidente permanente.

Mi contacto en la Casa Blanca, Clay Johnson, me explicó que Bush estaba satisfecho con mi gestión, pero que los candidatos al cargo necesitaban la aprobación del vicepresidente Dick Cheney. Intenté contactar a su jefe de Gabinete, Scooter Libby, quien me insinuó que Cheney tenía a otra persona en mente. Poco después, se anunció a Philip Merrill, editor y filántropo de Washington, D.C., como nuevo presidente del Ex-Im, confirmado por el Senado y juramentado el 3 de diciembre de 2002.

Imagen 4. Eduardo y el presidente George W. Bush en Houston, Texas (2002).

Phil y yo conectamos bien desde el principio. Agradeció mi trabajo y me pidió seguir como director de Operaciones, mientras él se enfocaba en la proyección externa del banco. Aunque al principio me decepcionó no haber sido elegido, pronto me sentí en paz al continuar en un rol clave.

Durante mi año de liderazgo, logramos reorganizar la gestión de riesgos, mejorar los procesos de atención a exportadores, aumentar el apoyo a África subsahariana, fomentar el trabajo en equipo y reforzar el compromiso ambiental. Estos avances sentaron una base sólida para el éxito de 2003.

Los resultados obtenidos incluyeron mejor calidad crediticia, mayor productividad, respuestas más rápidas y una mayor satisfacción del cliente. Le comenté a Phil Merrill que esperaba otro año exitoso bajo su liderazgo, pero el presidente Bush tenía otros planes.

A inicios de enero, Clay Johnson me llamó para decirme que el presidente me consideraba para un nombramiento como subsecretario del nuevo Departamento de Seguridad Nacional, encargado de la Oficina de Servicios de Ciudadanía e Inmigración. Le respondí que no me parecía buena idea, pues no sabía nada sobre leyes migratorias. Clay insistió en que el presidente valoraba mis habilidades de gestión. Acepté solo considerar la propuesta.

Poco después, Al González, asesor legal de la Casa Blanca, me instó a reunirme con Tom Ridge, próximo secretario de Seguridad Nacional. La cita se programó para el 20 de enero, junto con Gordon England, candidato a subsecretario. La semana anterior a la cita, preocupado, pasé varias noches en vela. Hablé extensamente con Tere, compartiéndole mi reparo por ser confiado a una tarea que parecía una típica trampa para mi fracaso, y la posibilidad de ridiculizar al presidente. Ese fin de semana, Tere y yo nos subimos a nuestro coche y recorrimos plácidamente la hermosa y arbolada carretera del George Washington Parkway. Mientras conducía, hablamos seriamente sobre mis impresiones de Seguridad Nacional. Le comenté lo cómodo que me sentía con mi trabajo en el Ex-Im Bank y lo espinoso que me parecía el trabajo en inmigración.

Ella dijo: "¿Por qué no llamas a Bush 41 para pedirle consejo?".

Le respondí: "¿Bromeas? Conoces bien su historial de aceptar cualquier ingrato trabajo que le ofrezcan".

Tere respondió: "Sí, pero también sabes que después él siempre salía triunfante".

Frustrado y al no percibir ninguna simpatía en su voz, dije: "Tere, ¡no entiendes!". Su respuesta me dejó perplejo: "Bueno, vamos a ver si lo entiendo. Me obligaste a dejar nuestra nueva casa en Houston, a deshacerme de nuestra perrita Dolly, a incomodar a mi padre, y a dejar a nuestros hijos en Texas... Todo porque querías dejar una huella relevante en el mundo. ¿Correcto?".

"Sí", respondí apocadamente.

"Entonces dime, ¿dónde será más probable que dejes tu mejor huella relevante, en el Ex-Im Bank o en el Departamento de Seguridad Nacional?".

"¡Lo que dices no es justo!", respondí.

"¡No, no es justo! ¡Acéptalo y sigue adelante!".

Guardé silencio unos minutos mientras pasábamos por Mount Vernon, reflexionando sobre el sacrificio de George Washington por su país. Aun así, seguía indeciso. Pasé la noche del domingo elaborando una lista de pros y contras del nuevo puesto; la parte negativa era mucho más larga.

Imagen 5. El secretario de Seguridad Nacional, Tom Ridge, y Eduardo en la sede del Departamento de Seguridad Nacional en Washington, D.C. (2004).

Llevé la lista a la reunión con Tom Ridge y Gordon England, esperando disuadirlos, pero me recibieron con entusiasmo y elogios por mi patriotismo. Cuando les mostré mis objeciones, las usaron a su favor, asegurando que yo era el candidato ideal. Les advertí que planeaba dejar el cargo al final del primer mandato del presidente, y entre risas respondieron: "¡Nosotros también!".

Finalmente, acepté con una condición: que todos los inmigrantes fueran tratados con respeto. Ambos asintieron sin dudar. En apenas cuarenta y cinco minutos, me convencieron. Acepté unirme al nuevo Departamento de Seguridad Nacional, con la posibilidad de llevar parte de mi equipo y supervisar mis futuros nombramientos. Mi misión sería reformar y modernizar el sistema de inmigración estadounidense.

Concluí con orgullo: "¡Esto demuestra que solo en Estados Unidos un inmigrante puede estar a cargo de la inmigración!".

Mientras hablábamos, mi aprensión se convirtió en entusiasmo. ¡Adiós, Ex-Im! ¡Hola, Seguridad Nacional! Al día siguiente, me reuní con Michael Petrucelli, mi jefe de Gabinete en el Ex-Im Bank, y le informé de mi decisión. También le dije: "Michael, el presidente quiere que yo sea el capitán del transatlántico Titanic en su viaje inaugural. ¡Quiero que estés junto a mí en el puente de mando!".

Michael protestó y rechazó esa posibilidad sin titubear.

Sin dudarlo, continué: "Michael, la mayoría de la gente olvida que después de zarpar desde Southampton, Inglaterra, el Titanic hizo escala en Queenstown, Irlanda, antes de después seguir con rumbo a Nueva York... ¡Tú y yo desembarcaremos en Queenstown!".

Se rio, comprendiendo perfectamente las implicaciones de lo que le dije. Finalmente, aceptó unirse a mí asumiendo un nuevo reto interesante y arriesgado. Seguidamente, como mi secretaria, Maryan Johnson, tendría que filtrar muchas llamadas relacionadas con mi nuevo trabajo, le hablé en confianza y aceptó acompañarme a Seguridad Nacional. Me alegré cuando aceptó el cambio en un instante. Me comprometí conmigo mismo que no dejaría a Michael ni a Maryan abandonados y que cuidaría por su bienestar y su futuro laboral.

A continuación, me senté con Phil en su espaciosa oficina, sintiéndome apenado de que esta conversación tuviera lugar menos de tres semanas después de haber empezado a trabajar juntos como equipo. Cuando le informé de mi inminente salida del Ex-Im Bank, se mostró sorprendido, enfadado y descorazonado. La noticia enmarañó sus bien trazados planes. Visiblemente agitado, Phil quiso saber si lo abandonaba porque no me gustaba que me pasaran por alto a presidir el Ex-Im Bank. Le aseguré que no era así en absoluto. Entonces, cambió de tema y esgrimió su amplia experiencia en el gobierno para intentar convencerme de que ese cambio sería terrible para mi futuro profesional y personal. En resumen, utilizó prácticamente el mismo razonamiento que yo había utilizado conmigo mismo unos días antes.

Él me preguntó: "¿Hay algo que pueda hacer para hacerte cambiar de opinión?".

"No, Phil", respondí. Por favor, entiéndelo. Simplemente, no puedo negarme al presidente en su petición".

Al no lograr convencerme, Phil aceptó mi decisión y acordamos planear una transición ordenada, manteniendo la noticia en secreto hasta coordinarla con la Casa Blanca. Poco después, el 7 de febrero de 2003, el presidente Bush me citó en la Casa Blanca para anunciar mi nombramiento como director interino de la Oficina de Servicios de Ciudadanía e Inmigración (USCIS). Continuaría en el Ex-Im hasta mi confirmación por el Senado.

Así, pasé a tener dos trabajos pero un solo salario, mientras me preparaba para asumir mi nuevo cargo. Me tranquilizaba saber que Michael, Maryan y luego Lauren Verdery se unirían a mí. Sin embargo, el 3 de febrero, nuestra casa en Houston fue allanada. Por suerte, nuestro hijo Eddy no estaba en casa. Lo más inquietante fue que, aunque los ladrones abrieron puertas y cajones, no se llevaron nada, pese a los objetos de valor visibles, lo que hizo el incidente aún más desconcertante.

Los agentes de Seguridad Nacional sospecharon que el allanamiento podía estar relacionado con extremistas antiinmigración, alertados por filtraciones sobre mi futuro nombramiento en el USCIS, buscando intimidarme. El día del anuncio en la Casa Blanca, Michael Petrucelli, ya como subdirector y jefe de Gabinete, me presentó a los agentes del Servicio de Protección Federal, responsables de mi nueva seguridad personal. A partir de entonces, mi rutina cambió por completo. Meses después ocurrió otro allanamiento similar, lo que generó inquietud en mi familia.

Aunque debía mantener el secreto, busqué información por mi cuenta. Contacté a Mariela Melero, una excolega cubana del INS, para una discreta conversación. Me describió una institución desmotivada y paralizada, carente de liderazgo. Su franqueza me ayudó a entender los enormes desafíos que me esperaban.

Mientras reducía mis funciones en el Ex-Im, Michael se adelantó organizando el USCIS. Nuestro primer despacho, en el deteriorado Edificio Chester Arthur (CAB), estaba en una zona conflictiva de Washington. Con el tiempo, logramos trasladarnos a un moderno edificio en el número 20 de Massachusetts Avenue, cerca del Capitolio, mucho más adecuado para nuestras necesidades y para iniciar el ambicioso proceso de renovación institucional.

Desde el inicio, Michael estableció una excelente relación con Bill Yates, subcomisionado ejecutivo del Servicio de Inmigración y Naturalización y enlace con Seguridad Nacional. Bill, veterano con profundo conocimiento operativo, se convirtió en un aliado clave. Junto con Michael, organizaron una reunión a puerta cerrada con el personal principal del INS, ahora reasignado al USCIS, muchos de ellos con recelo y desconfianza. Les hablé con franqueza sobre los desafíos y les aseguré que estábamos allí para apoyarlos, no reemplazarlos. Al final, logramos ganar un mínimo de confianza y abrir canales de colaboración.

Un gran obstáculo era una política de "cero tolerancia" impuesta por el excomisionado James W. Ziglar tras el 11 de septiembre: cualquier error en una decisión migratoria podía causar un despido. Por miedo, muchos empleados optaban por no decidir, acumulando entre cinco y seis millones de solicitudes pendientes, con 500.000 nuevas al mes.

Rescindir esa política sería políticamente suicida, así que opté por una vía intermedia: aseguré a los empleados que, si seguían los procedimientos correctamente, no serían sancionados por errores involuntarios. Esa medida restauró gradualmente la confianza y permitió que la productividad del USCIS comenzara a recuperarse.

Tras los atentados del 11 de septiembre de 2001, el Servicio de Inmigración y Naturalización (INS), dependiente del Departamento de Justicia, fue duramente criticado por haber permitido la entrada de los terroristas y quedó sentenciado a desaparecer. El 28 de febrero de 2003 asistí a la solemne ceremonia en la que se arrió por última vez su bandera, poniendo fin a 112 años de historia. Al día siguiente, el 1 de marzo, sus funciones y las del Servicio de Aduanas se integraron en el nuevo Departamento de Seguridad Nacional (DHS).

El DHS dividió la inmigración en dos áreas: cumplimiento y servicio. La primera quedó a cargo de la Oficina de Aduanas y Protección Fronteriza (CBP) y el Servicio de Inmigración y Control de Aduanas (ICE), ambos con agentes armados y facultados para realizar arrestos. La segunda, el Servicio de Ciudadanía e Inmigración (USCIS), asumió la tramitación de visas, asilo y otros beneficios migratorios, funciones que ahora me correspondían dirigir.

El secretario Tom Ridge y el subsecretario Gordon England se enfrentaban a la enorme tarea de integrar 22 agencias federales en el nuevo departamento. Aunque siempre me ofrecieron su apoyo, procuré actuar con autonomía y prudencia, presentando informes concisos y soluciones viables en las reuniones del gabinete. Nuestra relación fue siempre profesional y respetuosa, marcada por su confianza y mi compromiso con la misión del DHS.

Antes de ser confirmado oficialmente en el USCIS, ya había comenzado a trabajar como director interino, aunque debía pasar nuevamente por el proceso de confirmación del Senado, esta vez ante el Comité Judicial, presidido por Orrin Hatch y con Patrick Leahy como miembro de mayor rango.

Durante las entrevistas previas, Leahy destacó la importancia del USCIS en su estado y ofreció su apoyo. Ted Kennedy me impresionó por su conocimiento y cordialidad, y también tuve breves reuniones con los senadores Cornyn, Grassley y Biden.

El 6 de junio de 2003, mis senadores texanos John Cornyn y Kay Bailey Hutchison me presentaron ante el comité, junto con el senador Mel Martínez y la congresista Sheila Jackson Lee, quien hizo una inusual aparición para respaldarme. Su apoyo generó buen humor en la sala, y la audiencia transcurrió con éxito.

El 19 de junio, el Senado confirmó mi nominación. Tras renunciar oficialmente al Ex-Im Bank, presté juramento como director del USCIS, asumiendo la dirección de una agencia con 15.000 empleados, 250 oficinas en todo el mundo y un presupuesto de 1.900 millones de dólares. El USCIS procesaba 6 millones de solicitudes anuales y naturalizaba a más de 625.000 nuevos ciudadanos, en coordinación con múltiples agencias federales y estatales.

El USCIS es una de las agencias federales más grandes financiadas con tarifas pagadas por los propios solicitantes de beneficios migratorios. Puede imaginarse como una gran fábrica que recibe unas 20.000 solicitudes diarias, procesadas por 15.000 empleados según los complejos requisitos de la ley de inmigración.

Durante mi mandato, en un día típico, el USCIS realizaba 140.000 verificaciones de seguridad, recibía 100.000 visitas web, atendía 50.000 llamadas, procesaba 30.000 solicitudes, atendía 25.000 visitantes en sus 92 oficinas, emitía 20.000 tarjetas de residencia y capturaba 8.000 huellas dactilares. Cada año gestionaba más de 7 millones de casos, naturalizaba a 700.000 ciudadanos y aprobaba alrededor de un millón de residencias permanentes.

Al aceptar el nombramiento del presidente Bush, adopté su visión de "recibir a los inmigrantes con los brazos abiertos, no con colas", y el desafío de modernizar una institución que debía ser más segura, eficiente y humana. Mi prioridad fue revitalizar al personal y restaurar su motivación. Al mismo tiempo, debíamos evitar que el solicitante erróneo accediera a los beneficios de inmigración de EE.UU. Nuestra tarea inicial más crucial fue revitalizar a nuestros desmoralizados trabajadores para que fueran más productivos y lograr que se enfocaran en los siguientes objetivos:

- Eliminar la creciente acumulación de solicitudes no adjudicadas.

- Mantener la integridad de las decisiones reglamentarias dentro del complejo sistema jurídico.

- Implementar nuevos elementos de seguridad y verificación de antecedentes.

- Mejorar los aspectos de seguridad del proceso de inmigración en todos los ámbitos.

- Impedir que terroristas y otros réprobos inmigren a los Estados Unidos.

- Instituir una nueva cultura de respeto tanto para los solicitantes como para los empleados del USCIS.

Con la clara comprensión de la necesidad de impartir una dirección clara a nuestros 15.000 compañeros, también tuvimos que realizar un esfuerzo externo para informar a nuestros diversos grupos de interés sobre nuestro nuevo camino. Necesitábamos que nuestro nuevo equipo directivo resumiera muchos conceptos ambiciosos y difíciles de comprender, en un conjunto de mensajes fácilmente digeribles. Formulamos y publicamos las siguientes declaraciones de Misión, Visión y Valores Fundamentales:

Misión

El Servicio de Ciudadanía e Inmigración de Estados Unidos asegurará la promesa de Estados Unidos como una nación de inmigrantes, manifestando información precisa y útil a nuestros clientes, otorgando beneficios de inmigración y ciudadanía, promoviendo la conciencia y la comprensión de la ciudadanía, y asegurando la integridad de nuestro sistema de inmigración.

Visión

El Servicio de Ciudadanía e Inmigración de Estados Unidos fortalecerá el futuro de Estados Unidos al convertirse en un innovador en el procesamiento de beneficios centrado en el cliente, un catalizador para la educación, instrucción y divulgación de la ciudadanía, una fuente reconocida y creíble de información útil, y un líder contribuyente a la seguridad de Estados Unidos.

Valores fundamentales

Integridad: Siempre nos esforzaremos por alcanzar el máximo nivel de integridad en nuestras relaciones con nuestros clientes, compañeros de trabajo y ciudadanos de los Estados Unidos de América. Siempre tendremos presente la importancia de la confianza depositada en nosotros para administrar el sistema de inmigración del país de forma justa, honesta y correcta.

Respeto: Demostraremos respeto en todas nuestras acciones. Nos aseguraremos de que todas las personas a las que afectamos sean tratadas con dignidad y cortesía, independientemente del resultado de la decisión. Modelaremos este principio en todas nuestras actividades, entre nosotros, con nuestros clientes y con el público. Con nuestras acciones, esta organización se convertirá en un ejemplo de respeto, dignidad y cortesía.

Ingenio: Al afrontar los retos venideros, nos esforzaremos por encontrar los medios más eficaces para alcanzar nuestras metas. Utilizaremos el ingenio, la iniciativa, la creatividad y sólidos principios de gestión para alcanzar resultados de primera clase. Abordaremos cada reto con un equilibrio de entusiasmo y sabiduría para así hacer realidad nuestra visión.

Tan importante como definir una estrategia clara era transmitirla con convicción a todos los empleados del USCIS, no solo en Washington, D.C., sino también en las más de 250 oficinas distribuidas por Estados Unidos y otros países. Por eso, diseñé un programa intensivo de visitas para reunirme personalmente con la mayor cantidad posible de miembros del personal.

Mi primer viaje fue a Vermont, donde el USCIS era uno de los principales empleadores del estado. La reunión se celebró en un gran salón presidido por una enorme cabeza de alce, símbolo casi teatral de la desconfianza inicial que percibí en la audiencia. Sin embargo, al hablar con franqueza sobre nuestra misión y la importancia del servicio público, noté cómo poco a poco las expresiones se relajaban, y al final, recibí una cálida ovación. Ese encuentro marcó el tono de lo que vendría.

Durante los siguientes dos años y medio, visité decenas de oficinas —grandes y pequeñas— en todo el país y en el extranjero: Puerto Rico, las Islas Vírgenes, la base naval de Guantánamo, Bangkok y Roma, entre otras. Según nuestros cálculos, me reuní con más de 12.000 empleados, escuchando sus preocupaciones y respondiendo sus preguntas con total honestidad. En una ocasión, en Los Ángeles, una empleada me preguntó con audacia sobre mi tolerancia al fraude. Sonreí y respondí: "Cualquiera que trabaje en el USCIS motivado por el dinero probablemente irá pronto a la cárcel, porque está vendiendo algo que no debería". La sala estalló en risas, y esa energía positiva me permitió hablar abiertamente sobre la necesidad de honestidad e integridad dentro de nuestras filas.

Al mismo tiempo, nos propusimos revisar los procesos obsoletos heredados del INS. Pedí a Bill Yates formar un grupo de trabajo de expertos veteranos para analizar cómo agilizar el flujo de trabajo sin comprometer la seguridad. Descubrimos redundancias absurdas, como verificaciones dobles e ineficiencias en los sistemas informáticos. Para fomentar la participación, creamos un buzón virtual de sugerencias con incentivos económicos, que recibió cientos de ideas valiosas; muchas, sin embargo, venían acompañadas de la frase "por favor, no se lo digan a mi supervisor", revelando una preocupante falta de confianza interna.

Pronto comprobé que nuestros equipos informáticos estaban obsoletos: los nuevos ordenadores se entregaban con programas antiguos porque los servidores no soportaban las versiones modernas. A pesar de las limitaciones técnicas, seguimos adelante con determinación. En la sala de operaciones, un gran gráfico mostraba nuestro progreso hacia un objetivo ambicioso: eliminar el retraso acumulado antes del final del año fiscal 2005.

Meses después de dejar el USCIS, mientras trabajaba en la Embajada de Madrid, recibí una llamada de Michael Petrucelli. Su voz transmitía emoción cuando me dijo que lo habíamos logrado: las solicitudes pendientes se habían eliminado antes de lo previsto. Sonreí con orgullo. Habíamos demostrado que, con liderazgo, confianza y trabajo en equipo, incluso una institución gigante y desmotivada podía transformarse y volver a moverse con eficiencia.

Al comienzo de su mandato, el presidente Bush proclamó: "Recibiremos a los inmigrantes con los brazos abiertos, no con colas interminables". Muy pronto comprendí que aquellas colas interminables eran uno de los mayores males del USCIS. El antiguo sistema de atención "primero en llegar, primero en ser atendido" había generado un caos diario: los solicitantes esperaban durante horas, e incluso pasaban la noche entera frente a los edificios federales con tal de asegurarse un turno. Las filas daban la vuelta a las manzanas, y los vecinos, los guardias de seguridad e incluso los propios empleados se quejaban de los problemas de seguridad, basura, insalubridad y tensión constante.

Era fácil entender por qué. Aquellas personas, muchas de ellas familias con niños, soportaban frío, lluvia o calor extremo para poder ser atendidas. Cuando por fin llegaban a la ventanilla, lo hacían agotadas y frustradas, lo que también generaba ambientes tensos entre solicitantes y funcionarios. Comprendí que el sistema era no solo ineficiente, sino una falta de respeto a la dignidad humana, tanto para los inmigrantes como para nuestros empleados. Teníamos que cambiarlo.

Buscamos soluciones, pero ninguna parecía práctica, hasta que surgió la idea de un empleado del centro de San Antonio, quien había diseñado de forma independiente un sistema de citas previas mediante ordenador. Al principio fue rechazado —algunos decían que "los inmigrantes no sabrán usar computadoras"—, pero la perseverancia del empleado y una anécdota lo cambiaron todo: una mujer mexicana entrevistada dijo con ironía: "Mijo, yo crucé el Río Grande; ¿de verdad crees que una computadora me va a detener?". Aquella frase captó perfectamente el espíritu de superación de quienes acuden al USCIS.

Decidí apoyar la idea. Invitamos al empleado a Washington, D.C. y con su ayuda desarrollamos un programa piloto en varias oficinas seleccionadas. El éxito fue inmediato: las colas desaparecieron, los solicitantes llegaban puntualmente con su cita impresa y el ambiente en las oficinas mejoró radicalmente. Los empleados pudieron atender con más calma, y los solicitantes se mostraban agradecidos por el respeto y la organización.

En pocas semanas, el sistema de citas fue implementado a nivel nacional. Las únicas quejas que recibimos provinieron de los vendedores ambulantes, que se habían quedado sin clientes. Pero para todos los demás, el cambio fue una auténtica revolución silenciosa: un paso firme hacia la visión del presidente Bush y hacia un USCIS más humano, eficiente y moderno.

17. Política de inmigración: nuestro dilema nacional

Estoy convencido de que Estados Unidos mantiene una relación de amor-odio con la inmigración. Muchos ciudadanos aprecian al inmigrante individual —su vecino, colega o amigo—, pero rechazan el concepto general de inmigración. Sin embargo, salvo los pueblos indígenas, todos somos descendientes de inmigrantes que con su trabajo y esfuerzo hicieron próspera a esta nación. No deberíamos tener ciudadanos de segunda clase: nacidos o naturalizados, todos compartimos los mismos derechos y responsabilidades.

A veces, el legítimo orgullo nacional puede transformarse en xenofobia o fanatismo, impulsando el deseo de proteger las fronteras "a cualquier precio". A lo largo de la historia, líderes demagógicos han explotado ese miedo para sembrar división y rechazo hacia los extranjeros. Hoy seguimos enfrentando una crisis migratoria polarizante, que lleva a algunos a proponer muros o barreras, como antes existieron Ellis Island o Angel Island, intentos fallidos de filtrar la llegada de inmigrantes.

Proteger nuestras fronteras es esencial, pero no basta con reforzar los muros. Necesitamos leyes de inmigración realistas, humanas y eficaces, que se adapten a la cambiante realidad migratoria y permitan a la Patrulla Fronteriza cumplir su labor sin desbordarse. Solo así podremos equilibrar seguridad, justicia y el espíritu de acogida que siempre ha definido a Estados Unidos.

Existe consenso entre líderes políticos y expertos sobre la urgente necesidad de una reforma migratoria integral, pero llevarla a cabo exige valentía y liderazgo, ya que es un tema tan polarizador que puede costar carreras políticas. Desde la primera Ley de Naturalización de 1790 y la Ley de Steerage de 1819, el sistema migratorio estadounidense se ha convertido en un laberinto legal lleno de contradicciones. En el USCIS, un equipo de setenta abogados asistía a los adjudicadores para interpretar una legislación tan compleja como el propio código tributario.

La creciente demanda de servicios migratorios ha originado una industria legal multimillonaria, con más de cincuenta mil abogados especializados y alrededor de ocho mil millones de dólares en ingresos anuales. La mayoría de los inmigrantes atendidos buscan beneficios de manera legal y voluntaria.

Durante mi gestión, trabajamos intensamente en el USCIS, el DHS y la Casa Blanca para desarrollar una propuesta de reforma migratoria destinada a regularizar a unos doce millones de inmigrantes indocumentados. El resultado fue el Programa de Trabajadores Temporales, un proyecto cuidadosamente diseñado que abordaba la aplicación de la ley, la función laboral y los incentivos migratorios. Su éxito dependía, como en un rompecabezas, de que todas las piezas encajaran con precisión en una solución práctica y equilibrada. El 7 de enero de 2004, el presidente Bush reafirmó su deseo de reformar el programa de trabajadores temporales y presentó planes para su implementación, conocido como el programa de Reforma Migratoria Justa y Segura. El programa estableció cinco objetivos políticos específicos:

1. "Proteger la nación protegiendo nuestras fronteras": el programa incluía esfuerzos para controlar la frontera de Estados Unidos a través de acuerdos con los países participantes.

2. "Maximizar la economía de Estados Unidos conectando a un trabajador dispuesto a trabajar con un empleador dispuesto a contratar": el programa tenía como objetivo conectar de manera eficiente a trabajadores con empleadores del mismo sector.

3. "Promover de la compasión": el programa aspiraba a proporcionar una tarjeta de identificación temporal a los trabajadores indocumentados que les habría permitido reingresar a los Estados Unidos durante su período de trabajo temporal.

4. "Ofrecer incentivos para regresar a su país de origen": el programa habría requerido que los trabajadores regresaran a sus países de origen una vez finalizado su período de trabajo.

5. "Proteger los derechos de los inmigrantes legales": el programa no pretendía ser un camino directo hacia la residencia permanente ni para eludir a quienes ya estaban en cola para obtener una tarjeta de residencia permanente.

El programa también contenía puntos específicos para la reforma de los programas de trabajadores invitados vigentes. Estos eran:

1. Los empleadores tenían que hacer todos los esfuerzos razonables para cubrir primero un puesto con trabajadores estadounidenses.

2. Se incrementaría la vigilancia contra las empresas que contraten a inmigrantes ilegales.

3. Estados Unidos se esforzaría por trabajar con otros países para que los trabajadores invitados fueran incluidos en los planes de jubilación de sus países de origen.

4. Los que participen en el programa podrán solicitar la ciudadanía, pero no se les dará ninguna preferencia, sino que entrarán al final de la cola.

5. Habría aumentos razonables en el número de inmigrantes legales autorizados a ingresar a los Estados Unidos.

La propuesta del Programa de Trabajadores Temporales contemplaba permisos laborales de tres años, renovables hasta cuatro veces para quienes mantuvieran un historial limpio. Los trabajadores contarían con una cuenta especial de seguridad social, donde tanto ellos como sus empleadores aportarían fondos que podrían retirar al regresar a su país, incentivando su retorno y facilitando su jubilación. El plan, sin embargo, no ofrecía legalización permanente.

El 12 de febrero de 2004, testifiqué ante el Comité Judicial del Senado junto con Asa Hutchinson y Steven Law, presentando la iniciativa del presidente Bush. Durante la audiencia, una broma improvisada con el senador Larry Craig rompió el hielo, pero no bastó para cambiar el destino político del proyecto: el programa no logró el apoyo suficiente en la Cámara de Representantes y finalmente fue rechazado, pese a la aprobación de una versión similar en el Senado (Proyecto S.2611, 2006). Un intento posterior, la Ley de Reforma Migratoria Integral de 2007, también fracasó. Fue, sin duda, una oportunidad histórica perdida para modernizar un sistema migratorio obsoleto.

Imagen 6. Eduardo (centro) en la audiencia del Senado para la reforma migratoria con el primer subsecretario del Departamento de Seguridad Nacional, Asa Hutchinson, y el subsecretario del Departamento de Trabajo, Steven Law, en el Capitolio de los EE.UU., Washington, D.C. (2004).

Mientras tanto, la atención nacional seguía centrada en la seguridad fronteriza. Nuestra frontera sur con México se extiende a lo largo de 3.134 km y la frontera con Canadá supera los 8.800 km, lo que hace casi imposible su control total. Por ellas cruzan personas, bienes y contrabando —incluidos narcóticos y productos ilegales— desde hace siglos. Aunque la frontera mexicana acapara los titulares, nuestros puertos marítimos y aeropuertos internacionales son en realidad los puntos de entrada más activos y mejor controlados. Las barreras físicas pueden ser útiles, pero solo cuando forman parte de una estrategia integral de seguridad, que combine tecnología, personal especializado y cooperación internacional.

Basándome en los principios del Programa de Trabajadores Invitados, considero fundamental fortalecer y empoderar las oficinas consulares en el extranjero para que procesen eficazmente a los posibles inmigrantes. Esto trasladaría el perímetro de control fronterizo a dichos consulados, ofreciendo una vía legal y segura de entrada a Estados Unidos y reduciendo los cruces ilegales por la frontera sur.

El modelo requeriría la colaboración interinstitucional entre los Departamentos de Seguridad Nacional, Estado, Trabajo, Justicia y Salud, además de la Casa Blanca, y podría integrarse en una futura reforma migratoria integral. A quienes duden de su viabilidad, solo diría que el sistema actual claramente no funciona; ha llegado el momento de probar enfoques más realistas e innovadores.

18. Naturalizaciones militares

Durante mi gestión en el USCIS, Estados Unidos se encontraba en guerra en Afganistán e Irak, y supe que más de 37.000 miembros del ejército eran residentes legales permanentes que aún no habían obtenido la ciudadanía. En respuesta, el presidente George W. Bush emitió en 2002 una orden ejecutiva para agilizar la naturalización de los militares en servicio activo.

Mi primera experiencia con este programa fue en el Hospital Militar Walter Reed, donde naturalicé a un joven soldado triple amputado, gravemente herido en combate. La ceremonia fue sencilla y sin presencia mediática, pero profundamente conmovedora; la valentía y serenidad del soldado conmovieron a todos los presentes. Aquella experiencia me marcó profundamente y decidí que sería un honor personal administrar el juramento de ciudadanía a todos los militares hospitalizados que lo solicitaran.

A partir de entonces, participé en varias ceremonias similares en Walter Reed y en el Centro Médico Naval de Bethesda, cada una llena de emociones, patriotismo y humildad. Los rostros de esos hombres y mujeres, dispuestos a entregar su vida por un país que aún no era oficialmente el suyo, me recordaban el verdadero significado del servicio y del sacrificio.

El 11 de abril de 2003, recibí el honor de naturalizar al sargento mayor de Artillería Guadalupe Denogean, herido en Irak, en una ceremonia celebrada en el Hospital Naval de Bethesda y presidida por el presidente y la primera dama Bush. Denogean, postrado en su camilla pero con el espíritu intacto, pronunció con firmeza el juramento de lealtad. Fue un momento solemne y profundamente inspirador, símbolo de la fuerza, la esperanza y el compromiso que caracterizan a quienes sirven a Estados Unidos, incluso antes de ser ciudadanos.

Antes de la ceremonia de Denogean, mi equipo me informó que otro infante de marina herido, el cabo primero O.J. Santamaría, también deseaba naturalizarse. A pesar de estar recibiendo una transfusión de sangre y tener dificultades para levantar el brazo, insistió en ponerse de pie para pronunciar el juramento. Durante la ceremonia, abrumado por el dolor y la emoción, rompió a llorar, conmoviendo a todos, incluido el presidente y la primera dama.

Tras la ceremonia, el presidente Bush, afectado por la experiencia, me dijo con frustración: "¡Ese juramento es demasiado largo, acórtalo!". Aunque intentamos modernizarlo, el Congreso, liderado por el senador Lamar Alexander, bloqueó el cambio.

Ese mismo año, comencé a firmar certificados de ciudadanía póstuma para soldados caídos, viajando incluso a entregarlos personalmente a sus familias. Al descubrir que la ley impedía naturalizar a militares fuera del territorio estadounidense, impulsé con mi equipo —junto con Margaret Spellings, Paul Wolfowitz y el senador Ted Kennedy— una reforma legal. Gracias a su esfuerzo conjunto, el 108.º Congreso aprobó en 2004 una enmienda que permitió a los militares naturalizarse en el extranjero, un logro histórico en honor a quienes servían al país.

En el USCIS entendíamos que muchos militares no podían regresar al país para naturalizarse porque estaban en zonas de combate. Las nuevas normas permitían hacerlo en el extranjero, lo que implicaba que nuestros adjudicadores viajarían a bases militares para administrar el juramento. Dado el riesgo, decidí que la participación sería voluntaria, y me enorgulleció ver a tantos empleados dispuestos a arriesgar su vida por esta causa.

También me preocupaba la seguridad de nuestro personal, así que preparé medidas preventivas y decidí liderar desde el frente, presidiendo la primera naturalización militar en el extranjero, en Afganistán.

Nuestro reducido equipo de cinco personas viajó en aviones militares desde Dover (Delaware) hasta la base aérea de Al Udeid, en Catar, pasando por Ramstein (Alemania) y Basora (Irak). La madrugada del 1 de octubre de 2004, llegaríamos a Bagram, cerca de Kabul, para celebrar la ceremonia.

Antes de partir, fuimos testigos en la pista del traslado de dos ataúdes con restos de soldados caídos. Ese solemne momento nos recordó el riesgo real que asumíamos. Recé en silencio por los dos recién llegados y tragué en seco, sabiendo que nos dirigíamos a la zona de combate de donde provenían esos valientes soldados que habían sacrificado sus vidas. En ese momento me confortó haber ido a la iglesia a principios de semana, tras haber recibido los sacramentos de la confesión y la comunión; me fortaleció que estaba en buena relación con mi creador.

Los aviones militares carecen de aislamiento acústico, por lo que el jefe de carga nos entregó tapones para los oídos y un chaleco blanco con la sigla "DV" (Visitante Distinguido), que me identificaba ante la tripulación y me daba acceso limitado a la cabina y a una litera.

El vuelo nocturno hacia Ramstein fue tranquilo. Después de un rápido desayuno, abordamos un C-17 repleto de tropas y carga. En Basora, el comandante nos recibió brevemente tras una reciente batalla, antes de que despegáramos de nuevo con un ascenso abrupto para evitar misiles.

Al llegar a la base de Al Udeid (Catar), el calor abrasador de 49 °C y el resplandor del desierto fueron abrumadores. Me refugié en una vivienda temporal oscurecida y, pese al rugido constante de los cazas, dormí profundamente.

Esa noche cenamos en el comedor militar, abierto las 24 horas, con comida abundante. Al amanecer del 30 de septiembre de 2004, partimos en un C-130 Hércules rumbo a Afganistán, apiñados entre bultos de carga. Nos acompañaba el coronel retirado Oliver "Ollie" North, entonces reportero de CNN, quien documentaría la misión. Ingenioso, amable y franco, Ollie fue rápidamente integrado dentro de nuestro pequeño grupo. Debido a la naturaleza secreta de nuestra misión, su reportaje se retrasaría en darse a conocer hasta después de ser terminado los eventos.

Antes del despegue, acepté la invitación del capitán para acompañarlo en la cabina de mando. Poco después de elevarnos, uno de los motores falló, y el copiloto nos informó que debíamos aterrizar de emergencia en Al Udeid. En la pista, los bomberos rodearon el avión cargado con munición explosiva, mientras descendíamos por una cuerda de escape. Corrí tan rápido como pude bajo el sofocante calor.

El sobrecalentamiento de los frenos retrasó la salida hacia Afganistán unas cinco horas. Durante el vuelo, al cruzar las Montañas Blancas, la tripulación apagó todas las luces y desplegó contramedidas para evitar misiles enemigos. Me entregaron gafas de visión nocturna y observé vehículos en el suelo, preguntándome si serían hostiles. Por fortuna, llegamos sin incidentes a Bagram cerca de medianoche.

Pasé la noche en un austero alojamiento soviético y, al despertar, supe que los talibanes habían bombardeado la base mientras dormía. Aunque nunca se confirmó, sospechamos que intentaban interferir con nuestra misión. Más tarde, asistimos a la ceremonia militar, presidida por el general Eric Olson y el embajador Zalmay Khalilzad, marcando el inicio de un día histórico.

La ceremonia de naturalización tuvo lugar bajo una gran carpa militar, rodeada de soldados armados. Tras la presentación de las banderas y el juramento, me dirigí a los diecisiete soldados candidatos, procedentes de trece países distintos, recordándoles que yo también era un ciudadano naturalizado llegado de Cuba a los quince años. Les hablé del valor de los inmigrantes y de cómo todos, nacidos o naturalizados, compartimos los mismos derechos y deberes: "Hoy se convierten en parte de una sola nación. El Gran Sello de Estados Unidos lleva la inscripción *E Pluribus Unum*: uno entre muchos. Ustedes hacen realidad esas palabras. ¡Dios bendiga a América!".

Después recorrimos la base, tomamos fotos y conversamos con los soldados, cuidando de no salir de los senderos señalizados por las minas terrestres. Esa noche, abordamos un C-130 rumbo a Kuwait, con escala en Al Udeid. Durante el vuelo, conté a la tripulación sobre las naturalizaciones, y cada miembro me estrechó la mano con emoción.

Bajo la luz de la luna sobre Pakistán, el capitán me preguntó si quería pilotar el avión. Al aceptar, me indicó cómo usar el timón, el altímetro y los controles básicos. Fue una experiencia inolvidable, símbolo perfecto de aquel viaje en que tantos inmigrantes —incluido yo— alcanzamos, literalmente, las alturas de la ciudadanía estadounidense.

Tomé el timón de mando y repetí en voz alta las instrucciones del capitán antes de pilotar el C-130. Con sus manos cerca de los controles, me guio mientras mantenía el avión nivelado y viraba lentamente hacia el sur. La emoción era indescriptible. Tras veinte minutos, cedí el control al copiloto y la tripulación me trató como a uno más.

Al aterrizar en Al Udeid, Ollie North bromeó sobre mi "vuelo secreto". Luego partimos en otro C-130 rumbo a Kuwait y, de allí, a Bagdad. Durante la aproximación, la tripulación desplegó señuelos de aluminio antes de aterrizar con fuerza. Recibimos chalecos antibalas y cascos antes de trasladarnos en Humvees blindados al campamento Victoria, dentro del aeropuerto.

Pasé la noche en una casa que había pertenecido a Saddam Hussein, con un dormitorio decorado en estilo barroco y dorado. Durante la noche, el enemigo bombardeó nuestro campamento con cohetes y morteros. El día siguiente era domingo, así que asistí a la misa católica que se celebró bajo una carpa al aire libre en el campamento Libertad. Me impresionó la peculiar imagen del sacerdote celebrante con vestimentas de camuflaje, y los numerosos asistentes a la misa lucían sus diferentes uniformes, representando la multitud de países aliados que se unían a nosotros en la guerra de Irak. Después de la misa, me reuní con el teniente general Thomas Metz, quien, como buen anfitrión, me invitó a un rápido recorrido por Bagdad, justo más allá del perímetro del campamento Victoria. Me puse el chaleco y casco antibalas y me uní a él en el helicóptero Black Hawk.

Volamos en formación de Black Hawks a baja altura, casi rozando las copas de los árboles, mientras un artillero a mi lado apuntaba su ametralladora M-240H. El general Metz explicó que esa táctica dificultaba que el enemigo nos alcanzara. En minutos, sobrevolamos el Arco de la Victoria, el Palacio Presidencial y otros lujosos edificios de Saddam Hussein.

Al aterrizar, me escoltaron al palacio donde se celebraría la ceremonia de naturalización. En la tribuna estaban el general George Casey, el general Metz, y la mayor Edna Nogueras, de USCIS y reservista del Ejército. El salón estaba lleno de soldados que presenciaban el juramento de ciudadanía de treinta y cuatro militares de veintidós países, entre ellos tres originarios de Irak y Egipto. Por seguridad, usaron nombres simbólicos: George Washington, Thomas Jefferson y Abraham Lincoln.

El ambiente fue profundamente emocional; incluso los soldados más veteranos no pudieron contener las lágrimas. Al declarar: "¡Ahora son ciudadanos de los Estados Unidos de América!", la sala estalló en vítores. Tras la ceremonia, saludé al coronel Ollie North, quien preparaba su transmisión para CNN, cumpliendo su palabra de esperar hasta que concluyéramos nuestras misiones en las zonas de guerra.

A media tarde abordamos un C-17 repleto de tropas y carga militar. Tras despegar en fuerte ascenso y desplegar contramedidas, aterrizamos en la base de Balad, iniciando luego el largo regreso a Ramstein, Alemania. Exhaustos, tomamos un día para descansar antes de realizar una última ceremonia de naturalización militar.

Ese día visité el Hospital Militar de Landstuhl, donde hablé con soldados heridos. Un marine con un brazo amputado me dejó sin palabras cuando, al preguntarle dónde lo había perdido, respondió: "Señor, no lo perdí, lo entregué luchando por la libertad". Salí de la habitación conmovido, decidido a mantener la compostura en las siguientes visitas.

Esa noche, celebramos nuestra exitosa misión en un restaurante local. Compré jarras de cerveza conmemorativas con el mapa de nuestras rutas y la inscripción *Operación Libertad Iraquí*, que firmé y regalé a mi equipo como recuerdo.

El 5 de octubre, en la base de Vogelweh, celebramos nuestra última ceremonia. Vestido con chaqueta y corbata, presidí la naturalización de veintinueve soldados de veintiún países, entre ellos dos hermanos ucranianos, Aleksey y Nikolay Merstkovsky. Fue un cierre digno para una misión tan arriesgada como profundamente humana.

19. Un sitio escondido y ultra secreto

A mitad de mi época en el DHS, a Michael y a mí nos requirieron encontrarnos temprano por la mañana con el secretario de Seguridad Nacional, Tom Ridge, en un parque público del área de Washington, D.C. Nos indicaron que fuéramos con ropa y calzado cómodos. Tras llegar a un amplio claro del parque, subimos a bordo de un helicóptero Black Hawk del DHS. Por encima del rugido del motor, el secretario Ridge me indicó con la mano que me sentara a su lado. Le pregunté adónde íbamos. Simplemente se encogió de hombros y se llevó el dedo índice a los labios, insinuando discreción y complicidad. Desconcertado por los extraños eventos, observé por la puerta lateral abierta, los árboles y el campo que se deslizaba suavemente bajo nosotros. Entonces, noté que había varios otros helicópteros Black Hawk volando en formación junto al nuestro. Tras aterrizar en nuestro destino, nuestro reducido grupo fue escoltado a un pequeño edificio cerca de la plataforma de aterrizaje donde nos informaron dónde nos encontrábamos y por qué habíamos sido convocados allí. No tardé mucho en comprender que había llegado a un lugar desconocido y secreto, como otros construidos de manera clandestina durante la Guerra Fría, diseñados para proteger a funcionarios clave del gobierno de las amenazas nucleares o bioquímicas inminentes. He visto muchas películas y leído innumerables libros que describen estos lugares; sin embargo, me sorprendió inquietantemente descubrir que en verdad sí existían. Sin entrar en detalles, durante el recorrido dentro del recinto me mostraron el escritorio, litera y parco alojamiento que se me había asignado. También me dieron una explicación instructiva sobre cómo sería mi vida allí si alguna vez tuviera que entrar en el lugar bajo circunstancias reales. Mientras caminábamos por un pasillo, aparté en privado a nuestro guía y le confesé una profunda preocupación que me asaltaba.

"Mira, mi esposa y mi suegro tienen limitaciones físicas. ¿Cómo se supone que van a subir a un helicóptero o a vivir aquí?".

Mi interlocutor tosió un poco tímidamente, me miró a los ojos y dijo: "Me temo que no lo entiendes del todo. Vendrás solo, no con tu familia".

Con incredulidad y algo de sarcasmo, respondí: "Bueno, entonces déjame aclarar la situación. ¡El mundo se acaba y se supone que debo escapar a un lugar seguro, dejando a mi familia a la buena de Dios!".

Asintió lentamente y dijo: "¡Sí! ¡Lo has entendido!".

¡Madre mía! Los acontecimientos del día me habían dado una inesperada y desagradable dosis de realidad. Al volver a casa esa noche, me senté con Tere con el ánimo decaído.

"¿Qué te pasa?", ella me preguntó.

"Mira, hay cosas que no puedo contarte. Pero lo que sí puedo decirte es que tenemos que tomar una difícil decisión". Omitiendo detalles del lugar secreto o de dónde había estado, expuse la premisa básica: "En caso de una catástrofe inminente, mi trabajo me obliga a escapar a un lugar secreto y seguro durante lo que podría ser un período prolongado. En el peor de los casos, tendría que dejar atrás a ti y a Jorge, para que te la resuelvas sin mí. Esto contradice totalmente los preceptos de familia que rigen mi vida. No creo poder hacerlo. Estoy considerando seriamente renunciar a mi comisión en Seguridad Nacional. ¿Qué opinas?".

Tere se sentó en silencio unos minutos y me dijo lenta y deliberadamente: "Hablemos de ello. Tú y yo siempre hemos sido compañeros iguales, aunque con diferentes funciones. Cuando te uniste al gobierno, de hecho, yo también me uní al gobierno apoyando a tu puesto. Si te piden que hagas este sacrificio como parte de tu trabajo, entonces también me piden a mí que haga el mismo sacrificio, solo que de una manera muy diferente. Cariño, estoy dispuesta a compartir el riesgo si tú lo estás. Si llega el caso, no te preocupes demasiado, papá y yo encontraremos la manera de salir adelante. Oremos para que eso nunca suceda. ¿No te parece?".

¿Cómo podía yo discutir con su lógica y su sabio razonamiento? Nos abrazamos y, a regañadientes, acepté el nuevo riesgo para nuestra familia, con la esperanza de que nunca ocurriera.

20. Cerrando el capítulo de USCIS

La intensa carga de trabajo hizo que los días, las semanas y los meses transcurrieran rápidamente. Sin darme cuenta, el presidente Bush ya estaba en plena campaña de reelección contra John Kerry, el candidato del Partido Demócrata. Prudentemente, la Casa Blanca informó al Departamento de Seguridad Nacional, al Departamento de Justicia y al Departamento de Estado que todos los funcionarios políticos en esos departamentos debían abstenerse de participar en la campaña presidencial o actividades políticas partidistas. Así es que me tocó ser solo un espectador de los vaivenes de la reñida campaña electoral. La noche de las elecciones, los comentaristas políticos de los canales de televisión pronosticaban una contundente victoria para John Kerry. Afortunadamente, a media mañana del día siguiente, las predicciones resultaron injustificadas, y George W. Bush ganó las elecciones para un segundo mandato. El día de las elecciones, influenciado por el ambiente predominante mediático que predecía la victoria de Kerry, redacté una carta de renuncia al presidente Bush, agradeciéndole la oportunidad de servir y expresando mi intención de renunciar antes del día del cambio de posesión. Afortunadamente, nunca tuve que enviarla, y seguí al frente del USCIS, continuando nuestro compromiso de eliminar el atraso en las solicitudes, a la vez que mantenía el impulso en la reestructuración de los demás procesos para optimizar el USCIS.

Mantuve una agenda de viajes apretada, reuniéndome con mi personal en lugares remotos, forjando un vínculo común en torno a las metas y objetivos del USCIS, además de dirigir ceremonias de naturalización en diversas ciudades y lugares importantes, como Ellis Island en la ciudad de Nueva York y Angel Island en la bahía de San Francisco. También dediqué parte de mi tiempo a una transición fluida de la administración del secretario Ridge a la del recién nombrado secretario del DHS, Michael Chertoff, y su segundo de abordo, el subsecretario Michael Jackson, así como a la presentación de informes de nuestro progreso ante el Congreso. Durante mis dos años y medio de gestión, USCIS logró avances significativos y mensurables en la recuperación de la autoestima de empleados desanimados, la creación de una cultura institucional positiva, la eliminación de los retrasos en las solicitudes, la mejora del servicio al cliente, el establecimiento de una nueva identidad de marca de USCIS, y el fortalecimiento de la seguridad nacional. Al reflexionar sobre mi buena fortuna al haber tenido una gestión exitosa en USCIS, reconocí plenamente que todo salió bien gracias a un equipo magnífico y talentoso: personas que compartían mi visión de mejorar el proceso de solicitud, a la vez que apoyaban la integridad del sistema y mejoraban la seguridad nacional. Dicho esto, me despertaba cada mañana algo intranquilo, casi esperando algún terrible evento, externo o interno, que nos desestabilizara. Cuando me ofrecieron el puesto, recuerdo haber sido muy circunspecto a aceptar el reto, temeroso al fracaso y a ridiculizarme a mí mismo y al presidente Bush. La verdad es que mi reticencia inicial nunca me abandonó. Siempre supe que el USCIS era una operación de tal magnitud e importancia para la nación que las cosas podían irnos mal rápidamente, ya sea por algún contratiempo interno imprevisto de alguno de nuestros 15.000 empleados o por alguna sorpresa externa inesperada, como los atentados terroristas del 11 de septiembre de 2001. Por eso, al final, me sentí verdaderamente bendecido y aliviado de que el USCIS hubiera logrado un buen éxito en nuestra misión.

En varias ocasiones durante 2004, la asistente del presidente para Personal Presidencial, Dina Powell, y su asistente Liza Wright, mencionaron que el presidente Bush estaba gratamente impresionado con mi desempeño en el Ex-Im y el DHS. Expresando su deseo de que permaneciera en su segundo gobierno, siempre que las elecciones le fueran favorables. En tres o cuatro ocasiones, me invitaron a desayunar o comer en el comedor de la Casa Blanca para hablar sobre diversos puestos que pudieran encajar mis virtudes a las necesidades del gobierno. En una de esas reuniones informales, mi ambición me venció y le sugerí a Liza que yo sería un excelente candidato para secretario de Comercio. Ella respondió: "¿Qué te parecería HUD?". No me interesaba para nada el departamento de Vivienda y el Desarrollo Urbano, así que, en lugar de comenzar una discusión no apetecible, dije: "Liza, es fútil debatir el valor relativo de cualquier puesto en el Gabinete del presidente... Todos son increíbles y muy cotizados". Y, con una mirada pícara, añadí: "Dicho esto, yo sería un excelente secretario de Comercio". En otra ocasión, Liza me preguntó qué pensaba sobre el trabajo de subsecretario, o segundo de abordo del DHS. Rápidamente descarté esa idea, diciendo: "Ese puesto no nos conviene. No tengo experiencia legal ni en las fuerzas del orden policial, dos aspectos fundamentales para el puesto. Mis habilidades administrativas solo cubrirían una limitada parte de un complejo rompecabezas. No me encaja". Nuevamente, en otra comida, Liza me preguntó si algún puesto específico me interesaba. "Me considero ser un buen agente de cambio, alguien capaz de resolver problemas", respondí. "Nuestra relación con España es actualmente muy tensa... Quizás podría ser embajador en España y ser un positivo catalizador para el cambio". Liza asintió vagamente, aparentemente haciendo nota mental mientras terminábamos nuestra comida. Fue muy halagador y alentador saber que el presidente Bush quería que me quedara en su equipo y que estaba explorando opciones que se ajustaran a mis virtudes profesionales. Sin embargo, Tere y yo originalmente solo habíamos previsto una estancia de dos años en Washington, D.C., y ya habíamos superado ese plazo. Financieramente, la diferencia de efectivo entre mi salario en el gobierno y nuestros gastos representaba una pérdida neta de 100.000 dólares anuales. Tere y yo sabíamos que ese sería nuestro sacrificio inicial, y estábamos bien preparados para ese castigo financiero. Sin embargo, a medida que pagaba nuestras facturas cada mes y veía cómo nuestra cuenta bancaria se reducía constantemente, era evidente que la pérdida acumulada en nuestras modestas reservas familiares se estaba volviendo incrementalmente significativa.

21. Un amigo de la familia

Hacía bastante tiempo que no me tomaba vacaciones; la semana de Acción de Gracias de 2004 ofreció la oportunidad perfecta para que nuestra familia viajara a Houston y reflexionara sobre nuestro futuro. Las cosas no salieron como lo habíamos planeado. Esperaba visitar a mi mentor, Bush 41, pero al intentar concertar una cita, me informaron que tenía previsto partir para un viaje de pesca en alta mar a Ecuador, seguido de una cena de Acción de Gracias familiar en el rancho de su hijo Bush 43 en Crawford, Texas. Esa pequeña decepción palideció en comparación con nuestra llegada a casa en Houston. Minutos después de llegar del aeropuerto, mi frágil suegro se cayó frente a nuestros ojos y se rompió la cadera. Pasamos el fin de semana lidiando con la cirugía de emergencia de nuestro querido Jorge. Al principio, la situación con Jorge parecía estar bajo control, así que el lunes decidí visitar a mi antiguo equipo del Bank of America en el centro de Houston. Fue un placer ver a mis antiguos compañeros, quienes se mostraron auténticamente contentos de verme. Mientras estaba en una de las oficinas, un monitor de televisión emitió una alerta de noticias: un avión privado se había estrellado al acercarse al Aeropuerto Hobby de Houston. El informe indicaba además que ese avión tenía previsto recoger a Bush 41, quien supuse que se dirigía a pescar en Ecuador. El informe finalizaba diciendo que todos los miembros de la tripulación habían fallecido, pero que el expresidente se encontraba bien. Inmediatamente llamé a la oficina de Bush 41 para expresar mi alivio por su seguridad y preguntarle cómo se sentía tras haber estado tan cerca de la muerte. Me dijeron que aún no tenían noticias de Bush 41, pero que le avisarían de mi llamada. Más tarde ese día, alrededor de las 18:00 h, estaba en mi habitación, trabajando en mi ordenador, cuando llamaron de la oficina de Bush 41 y diciendo: "Por favor, espere al presidente". Instintivamente, me levanté para atender su llamada, dándome cuenta, con torpeza, de que solo llevaba mi ropa interior.

El presidente Bush se puso al teléfono y dijo: "Tengo entendido que me llamaste. Estoy bien. Conocía a la tripulación y a sus familias y lo siento mucho por ellos. ¡Qué tragedia!". Sin darme mucha oportunidad de responder, continuó: "Entiendo que querías verme... pero íbamos a estar en Ecuador. Eso ya no va a pasar ahora. ¿Cuándo puedes venir?".

Tentativamente dije: "¿Qué tal mañana por la mañana?".

"¡Listo!" dijo. "Nos vemos mañana a las 10:00 h".

A la mañana siguiente, martes 23 de noviembre de 2004, me reuní con mi ilustre amigo y mentor en su oficina de Houston. Me preguntó cómo estaba, pero mientras respondía, sus ojos vagaban por la sala. Me quedó claro que no estaba enfocado en nuestra conversación, y que su mente estaba en otra parte, quizás pensando en la tragedia del día anterior. Hablamos un poco sobre el accidente; luego me preguntó si planeaba quedarme en la segunda Administración y qué me gustaría hacer. Le dije: "He estado hablando con personal de la Casa Blanca sobre mi futuro. Hay varias opciones, pero la posibilidad de ser embajador en España ha surgido como una opción muy interesante. Desafortunadamente, esas grandes embajadas suelen ser concedidas a grandes contribuyentes a la campaña presidencial y, como bien sabes, yo no pertenezco a esa categoría".

De repente, la atención del presidente Bush se transformó y lo vi completamente enfocado, con la mirada alerta saliendo de su ensimismamiento.

Dijo enfáticamente: "¡Es verdad que no eres contribuyente! ¡Tú eres un amigo de la familia!". Cuando empecé a expresar lo halagado que me hacían sentir sus palabras, levantó la mano y me detuvo. Sin titubear, giró la cabeza hacia la puerta y gritó: "¡Jean!". Segundos después, su jefa de Gabinete, Jean Becker, entró ágilmente en la oficina con una mirada interrogativa. El presidente dijo: "Jean, siéntate. ¿Te acuerdas de Eduardo, que ahora sirve al presidente en la ingrata tarea de inmigración?". Luego, procedió a recitar mi currículum de memoria, terminando con: "Como sabes, fue banquero de Barbara y mío durante muchos años. Es un amigo de la familia". Jean, que me conocía bien, no se sorprendió por lo que acababa de oír. Asintió con la cabeza y esperó lo que seguía. Finalmente, el presidente le dijo a Jean: "Eduardo sería un gran embajador en España. Recuérdame hablar con el presidente cuando lo veamos en Crawford mañana". Al finalizar la reunión, agradecí a 41 por sus amables comentarios y le dije lo contento que estaba de que estuviera bien. Mientras Jean y yo caminábamos hacia la salida, ella me susurró: "¿Sabes? Rara vez hace algo así". Al día siguiente, mientras conducía hacia el Hotel St. Regis para desayunar con un amigo, una caravana policial con luces y sirenas detuvo mi coche; al pasar a toda velocidad junto a mí, parecía que la limusina que encabezaba la cola de automóviles ondeaba la bandera de España en el capó. Más tarde, me enteré de que los reyes de España, Juan Carlos I y

Sofía, salían de ese hotel camino a Crawford, Texas. Ese mismo miércoles, serían recibidos por el presidente George W. Bush y la primera dama Laura Bush en su rancho; y también por George y Barbara Bush, antiguos amigos de los reyes, quienes también asistirían. ¡Que fortuita casualidad! El resto de nuestra semana de Acción de Gracias la pasamos lidiando con la recuperación de Jorge de su cirugía de reemplazo de cadera. Tere y yo notamos que estaba cada vez más desorientado. Con gran pesar, tuvimos que regresar a Washington, D.C., dejando a Jorge en el centro de rehabilitación con la esperanza de que se recuperara sin complicaciones. Desafortunadamente, nunca se recuperó y tuvimos que trasladarlo a una residencia de ancianos, donde falleció cinco meses después. Había tantos asuntos personales a finales de noviembre y diciembre de 2004 que había olvidado mi conversación con 41. Así que me sorprendí cuando, a principios de marzo de 2005, recibí una llamada del personal de la Casa Blanca preguntándome: "¿Si el presidente te nominara para un puesto de embajador, estarías dispuesto a aceptarlo?". Respondí que sí. Las cosas iban bien, pero aún estaban lejos de concretarse, así que la cautela y la discreción eran importantes. Aparte de Tere, mis hijos y mi hermano, no le había relatado a nadie mis aspiraciones de embajador. Se las oculté a mi madre a propósito, sabiendo que ella no podría esconder la emocionante noticia a otros miembros de la familia, quienes, a su vez, la difundirían con entusiasmo como un reguero de pólvora entre nuestra extensa familia y más allá, con el consecuente reproche de la Casa Blanca.

A medida que el proceso de ser nombrado embajador se desarrollaba sin mi intervención o conocimiento, aprendí que, además del proceso habitual de investigación de antecedentes por la Administración y la siempre compleja ratificación por el Senado, todos los nombramientos de embajadores incluyen un proceso de diplomacia internacional conocido como *agrément*. En mi caso, a principios de marzo, nuestra Embajada en Madrid informó a sus interlocutores en los correspondientes ministerios de Asuntos Exteriores en España y Andorra de la intención del presidente Bush de nombrarme el próximo embajador en sus países, solicitando de antemano su acuerdo (*agrément*), para eventualmente recibirme como tal. El propósito de este proceso es evitar pasar una pena pública en ambos extremos, en el raro caso de que el país receptor tuviera una objeción a la persona designada. Inusualmente, durante el proceso discreto de *agrément*, alguien de los pocos informados del proceso filtró mi nombre a los medios españoles. Sucedió que el periódico español más grande, *El País*, con ventaja informativa, el 12 de marzo, destapó mi nombre como el próximo embajador de los EE.UU. en España. Esa noticia fue rápidamente recogida por los medios en Miami y publicada como noticia de primera plana por *El Nuevo Herald* de Miami. Como yo no estaba al tanto de los periódicos en España ni de los de Miami, desconocía de esos informes, y me sorprendió una mañana temprano recibir una llamada de un familiar en Miami queriendo confirmar que yo era el sujeto de la noticia. Su inesperada llamada me tomó por sorpresa y fingí ignorancia de lo que me hablaba. Respondí que el presidente no había hecho ningún anuncio y que, solo después de hacerlo habría razón para celebrar. En seguida, empecé a recibir innumerables llamadas de mi madre, otros familiares y amigos que querían felicitarme por la feliz noticia. Me mortificó tener que despistar con medias verdades aquellos que con tan buena intención trataban de felicitarme. Cada conversación terminaba con mi petición de que guardaran silencio hasta que hubiera un anuncio oficial.

En EE.UU. el 1º de abril se conoce como el día de los inocentes, cuando frecuentemente se hacen bromas sorpresivas. Ese día la Casa Blanca me informó que el presidente planeaba anunciar mi nominación como embajador en España y Andorra, quizás el 8 de abril. La persona que me llamó añadió una severa advertencia: "Mantén esa información en absoluto secreto hasta entonces". Me alegró recibir la llamada, pero me dio pena la forma embustera en que tuve que tratar con mi madre, mis queridos familiares y mis amigos cercanos.

22. Preparándonos para la Embajada de Estados Unidos en Madrid

Tras ser anunciado oficialmente como candidato a embajador, viajaba con frecuencia entre mi oficina y la sede del DHS para informar a la nueva cúpula del DHS sobre diversos asuntos del USCIS, incluyendo explicar nuestro peculiar presupuesto, el cual está basado principalmente en las tarifas prepagadas por los solicitantes, lo que hacía que nuestros fondos tuvieran una naturaleza fiduciaria e intransferibles para cubrir otras necesidades monetarias del DHS. A pesar de mi próxima asignación a España, el ritmo de mis responsabilidades en el USCIS no disminuyó para nada. Todo lo contrario, viajé extensamente para seguir reuniéndome con el personal del USCIS en asambleas públicas, y exhortarlos a adoptar los nuevos procedimientos que habíamos desarrollado.

El 14 de abril de 2005, el presidente Bush envió al Senado estadounidense mi nominación como embajador extraordinario y plenipotenciario de Estados Unidos ante el Reino de España y el Principado de Andorra. Hasta entonces, mis pocos intercambios con el Departamento de Estado (DOS) se había limitado a asuntos relacionados con el Ex-Im Bank o el USCIS. Ahora, esa interacción iba a incrementar drásticamente, comenzando con reuniones con los equipos encargados de asuntos multilaterales europeos, temas de la OTAN, retos de seguridad diplomática, asuntos antiterroristas, interdicción de narcóticos ilícitos, los laberintos de la ley del derecho del mar, las complejidades geopolíticas de los países sobre el Mediterráneo y otros temas que, en su mayoría, eran totalmente nuevos para mí.

También conocí al equipo de apoyo legislativo del Departamento de Estado, el cual me guiaría en el proceso de confirmación del Senado. Me sorprendió saber que, aunque solo llevaba menos de cuatro años en el gobierno, se requería reestablecer mis autorizaciones de seguridad y acceso a documentos secretos. Era como si fuera recién llegado al gobierno, teniendo que completar los mismos formularios que ya había llenado y revisado lo que parecía ser apenas unos meses. Cuando mostré mi sorpresa a esa duplicación, me dijeron que el Departamento de Estado tenía sus propios protocolos, los cuales tenían que ser cumplidos al pie de la letra. Me frustró ver la pérdida de tiempo y dinero que se estaba gastando en repasar temas recién resueltos; sin embargo, comprendí la inutilidad de quejarme y, calladamente, completé los formularios tal como me indicaban.

Cuando llegó el momento de prepararme para el proceso de confirmación en el Senado, me sorprendió que, a diferencia de mis dos confirmaciones anteriores, muy pocos senadores y su personal estuvieron interesados en visitas individuales previas a la audiencia pública. Esperaba con anticipación esas reuniones, ya que me habrían dado un índice de las preguntas o problemas que podrían surgir durante la audiencia pública. Pensé que ni yo ni los dos países de destino dábamos razón para controversia, por lo que no ameritaba entrevistas previas a la audiencia pública. Aun así, diligentemente completé los extensos cuestionarios solicitados por el Senado, que en la mayoría de los casos repetían la información que yo había presentado en mis dos anteriores confirmaciones.

Se me ocurrió que sería prudente reencontrarme con Jackie Clegg, a quien había ayudado varios años antes cuando ella dejó el Ex-Im Bank, para informarle de mi reciente nominación y de la inminente audiencia ante el Comité de Relaciones Exteriores del Senado. Recordaba que su esposo, el senador Chris Dodd, formaba parte de dicho comité, y traté de evitar que nuevamente obstaculizara mi confirmación, como lo hizo en 2001. Jackie fue muy amable durante nuestra breve conversación, me felicitó y deseó lo mejor en mi nueva misión en España. Semanas después, el 24 de mayo, durante mi acertada y exitosa audiencia de confirmación, el senador Dodd me hizo un par de preguntas pertinentes, que pude responder con toda facilidad. Después de la audiencia, al acercarme al estrado para agradecer a cada uno de los senadores sus cortesías, estreché la mano del senador Dodd. Él sonrió ampliamente y me dijo: "Jackie me pidió que le saludara". Poco después, el Comité de Relaciones Exteriores dio paso a mi nominación al pleno del Senado con su favorable recomendación. El único obstáculo que quedaba por superar era la votación de confirmación por parte del Senado.

23. Escuela de Protocolo

En teoría, cuando un embajador estadounidense llega a su cargo, debe estar totalmente preparado para dirigir la embajada de inmediato, sin importar los imprevistos que se le puedan presentar. Nuestro gobierno espera que abordemos todas las eventualidades desde la primera hora del primer día. La mayoría de los diplomáticos de carrera han tenido muchos años para prepararse a desempeñar ese importante puesto; sin embargo, los designados políticos, con algunas notables excepciones, suelen ser embajadores principiantes que nunca han lidiado con las complejidades de una embajada, los aspectos de relaciones públicas del trabajo en un país extranjero, los desafíos y oportunidades que surgen casi a diario con los medios locales, y el protocolo de comunicarse con el gobierno anfitrión. En consecuencia, hace algunos años, el Departamento de Estado estableció el Seminario de Embajadores, conocido popularmente como la Escuela de Protocolo.

Durante dos intensas semanas, del 11 al 22 de abril, me uní al nuevo grupo de embajadores nominados para aprender los fundamentos para operar eficazmente como jefe de Misión. En algunos momentos adecuados, éramos acompañados por nuestras parejas. En ciertas clases, aprendimos protocolos para cenas y banquetes, protocolo para hacer un brindis y qué hacer en eventos de recepciones o conferencias, pero la mayor parte de las dos semanas las dedicamos a comprender la compleja gestión presupuestaria interinstitucional dentro de las embajadas, y el muro invisible que separa las diferentes funciones de las embajadas de sus consulados. También viajamos a una base militar y participamos en activos simulacros de evacuación del personal de embajadas —con despegues de helicópteros de transporte militar en simuladas condiciones de campo de batalla— y aprendimos a cómo reaccionar en caso de un ataque bioquímico y a cómo proceder ante agresivos manifestantes, u otros imprevistos.

Nos capacitaron en los apropiados formatos para redactar cables de información para comunicarnos con el Departamento de Estado, la Casa Blanca, u otras entidades gubernamentales. Recibimos instrucción para mejorar nuestras habilidades de oratoria, tratar con los medios de comunicación y otros estándares para comunicarnos con una audiencia. También dedicamos un tiempo considerable a los crecientes peligros de la ciberseguridad, la protección contra el espionaje y el manejo de los diversos niveles de información clasificada que pasarían a través de nuestros escritorios y ordenadores. Aprendimos que se espera que todos los embajadores estadounidenses vivan en la designada residencia oficial, que suele ser un alojamiento atractivo y cómodo, en algunos casos incluso de grandioso estilo y tamaño. Si bien a los embajadores de carrera se les concede su alojamiento gratuito, a los embajadores políticos se les cobra un modesto porcentaje de sus salarios por su vivienda en la residencia.

Cada candidato recibió, por separado, exhaustivas conferencias impartidas por expertos sobre peculiaridades de nuestros futuros respectivos países anfitriones. En mi caso, me familiaricé con las diferencias y matices entre los distintos partidos políticos españoles y sus líderes, la interacción entre nuestras respectivas fuerzas armadas, la colaboración en la lucha contra el narcotráfico entre ambos países, las posibles actividades terroristas de Al Qaeda o del extremismo islámico, la inmigración, la trata de personas, y diversos relevantes temas religiosos, entre muchos otros temas. También dedicamos tiempo a profundizar en asuntos económicos, diferencias culturales regionales, relevantes hechos históricos y los diversos niveles de sentimiento separatista entre los segmentos regionales de la población española en el País Vasco, Cataluña y Galicia, así como en el azote del grupo terrorista vasco, ETA.

Aprendí detalles sobre sensibles temas internacionales relacionados con los territorios españoles de Ceuta y Melilla en Marruecos; la posesión de Gibraltar por parte de Inglaterra; las ventas militares a Venezuela, y el extenso narcotráfico que pasa por ese país; los presos políticos en Cuba, sus violaciones de derechos humanos, y sus sofisticadas actividades de espionaje; la piratería de propiedad intelectual por parte de China; y muchos otros sensitivos temas internacionales.

Para complementar las clases, se nos entregó abundante material de lectura a cada candidato como tarea para la noche; como es de esperar, el material clasificado no podíamos llevarlo a casa, solo leerlo en los lugares apropiados. Varios amigos interesados en mi éxito me recomendaron tres libros que me resultaron muy útiles para comprender a fondo la compleja e interesante personalidad nacional de España. Además de resultarme en agradables lecturas, la biografía del rey Juan Carlos I por Charles Powell, *La Guerra Civil Española* por Paul Preston y *Los perros de Dios* por James Reston, me sentaron unas sólidas bases a las que posteriormente pude añadir conocimientos de primera mano.

Al prepararme para mi misión, me di cuenta de que haber sido criado en Cuba, una antigua colonia española, me había inculcado una sólida base cultural.

Desde pequeño, escuchaba la música española, leía literatura española, saboreaba la gastronomía española, usaba frases coloquiales en mis conversaciones cotidianas, y me reía de los chistes y dobles sentidos españoles. Además, tenía la misma fluidez en la lectura, escritura y habla del español como cualquier ciudadano español con avanzados estudios. Asimismo, mis anteriores viajes a España me hicieron sentir que mi acento cubano resultaba ser agradable para los oídos de muchos españoles.

También dedicamos el tiempo apropiado para familiarizarme con similares temas relacionados con Andorra, un país desconocido para mí. Aprendí sobre su historia, su relación centenaria y fundamental con Francia y Cataluña, su orgulloso sentido de independencia y sus peculiares vínculos políticos internos, incluyendo su singular relación política con la Iglesia católica. Tras aprender de nuestra sólida relación bilateral con Andorra, decidí visitar el país trimestralmente con el objetivo de mantener y mejorar nuestra sólida relación.

Una de las partes más útiles de la Escuela de Protocolo fue la capacitación avanzada en oratoria y cómo relacionarse positivamente con los medios de comunicación. Hablar en público siempre me había resultado dificultoso. Por necesidad, superé mi incomodidad obligándome a pronunciar muchos discursos a lo largo de mi vida pública. Y con esta clase tenía la oportunidad de mejorar más aún mi oratoria. La profesora evaluó el nivel de cada participante y encontró la manera de mejorarlo individualmente. Me dio consejos muy útiles para perfeccionar mi preparación y presentación de discursos, lo que mejoró enormemente mi confianza. De igual importancia, le proporcionó a Tere la confianza necesaria para afrontar los retos de hablar en público, una función que debe afrontar la esposa de un embajador.

Al final del curso, todos tuvimos que preparar y presentar los discursos que teníamos pensado dar cuando llegáramos a nuestros respectivos puestos, tanto a los medios de comunicación como al personal de la embajada. Para mí, resultó ser un ejercicio sumamente útil. También practicamos simulacros de entrevistas con los medios, cargados de preguntas incómodas y ofensivas; un adiestramiento que posteriormente me resultó beneficioso. Al final de la clase, después de que todos hubiésemos cumplido con nuestros deberes, nuestra instructora notó que Tere aún no había presentado el discurso que había preparado. Ella le ofreció la opción de abstenerse; sin embargo, Tere decidió, valientemente, dar el discurso al frente de la clase, como todos los demás. Tras un excelente discurso, en el simulacro de entrevista mediática Tere fue acribillada con preguntas, una de la cuales fue: "Como madre, ¿cómo se sentiría si uno de sus hijos muriera mientras servía en el ejército en Irak?".

Al escuchar tal impertinencia, la sala se quedó boquiabierta. Sin inmutarse, Tere respondió desafiante: "¡Yo estaría orgullosa si alguno de mis hijos sirviera en nuestro ejército, defendiendo la libertad de nuestro país!".

Ella había aplicado una de las lecciones aprendidas durante el seminario: desviar una pregunta imposible de contestar con una respuesta indirecta; no responder directamente a la pregunta, sino aludir a un tema relacionado. Con un gesto colectivo de alivio, la sala estalló en aplausos.

Cuando Tere regresó a su asiento, nuestra instructora me miró y bromeó: "Eduardo, en el futuro será mejor que dejes que Tere se encargue de las preguntas más difíciles".

Más tarde, Tere y yo hablamos sobre su visión de su nueva vida como la "Sra. Embajadora". Me comentó que su modelo a seguir era la primera dama Laura Bush, a quien consideraba excepcionalmente comprensiva y eficaz en su multifacético rol junto al presidente Bush.

Una ventaja de asistir a la Escuela de Protocolo fue la oportunidad de establecer contactos en nuestro grupo con todos los embajadores designados y sus cónyuges. Tere y yo pudimos compartir buenas conversaciones en clase y relacionarnos con futuros embajadores en el Reino Unido, Italia, Francia, Nueva Zelanda, Dinamarca y la Organización para la Seguridad y la Cooperación en Europa (OSCE), con sede en Viena, entre otros. Esas nuevas relaciones nos brindaron a todos una excelente oportunidad para intercambiar ideas sobre nuestros respectivos planes y aspiraciones para nuestro próximo servicio en el extranjero.

Un asunto trivial e inesperado surgió al margen de la Escuela de Protocolo: el Programa de Arte en las Embajadas y el presupuesto de representación de la embajada. Me informaron que, dado que las residencias de los embajadores suelen ser muy visitadas durante su mandato por numerosos invitados que asisten a funciones oficiales y no oficiales, era habitual que la mayoría de los embajadores eligieran las obras de arte decorativas que colgaban en la sección de representación (no privada) de su residencia como una exposición artística temporal. Los embajadores más pudientes solían traer sus propias obras de arte como reflejo de su preferencia personal. Para los otros, todos podemos elegir entre obras de arte propiedad del gobierno o tomar obras prestadas por galerías de arte privadas o públicas. Tere y yo queríamos que nuestra residencia reflejara dos temas principales: arte patriótico y arte tejano. Anne Johnson, que supervisó este programa para el Departamento de Estado, y el curador oficial del Departamento de Estado, Robert Soppelsa, resultaron ser clave en la adquisición, el transporte y la conservación de nuestra colección de arte temporal. Ellos también se encargaron de garantizar que, al finalizar nuestro mandato, cada pieza regresara intacta a su hogar original. Nuestros principales benefactores fueron la reconocida artista acuarelista Barbara Ernst Prey, que nos prestó muchas piezas de su colección personal; y el arte tejano vino de la colección privada de Bobbie y John L. Nau. Finalmente, recibimos unas bellas selecciones del Houston Livestock Show and Rodeo, pintadas por los ganadores de premios en su Programa de Arte Escolar.

24. Confirmación del Senado y salida a Madrid

Entre labores del día a día en USCIS y los preparativos para mudarme a la Embajada en Madrid, me encontraba muy atareado. Me olvidé del tema de la confirmación del Senado y dejé de seguirle la pista al proceso, por lo que me sorprendió un poco recibir noticia que, con relativa rapidez para el Senado estadounidense, el 16 de junio de 2005, el pleno del Senado estadounidense confirmó mi nominación como embajador en España y Andorra. La confirmación en sí fue como el disparo de salida a una carrera, iniciando una serie de eventos tan rápidos como breves. Sobre la marcha, finalicé los preparativos para concluir mi mandato en USCIS, organizamos de una ceremonia para juramentar mi nuevo puesto, hicimos la reserva de vuelos antes de viajar a Madrid, y mucho más. La urgencia de mi partida estaba directamente relacionada con la celebración anual del 4 de julio que se celebra en todas nuestras embajadas del mundo. Consideré este evento como una oportunidad perfecta para presentarnos a Tere y a mí a la numerosa asistencia de vips madrileños que iban a asistir a nuestra fiesta del Día de la Independencia.

Deseaba que la secretaria de Estado Condoleezza Rice me jurara mi nuevo cargo, un objetivo ambicioso dada su apretada agenda y el poco tiempo de antelación. Dicho esto, su oficina fue muy cooperativa y programó una íntima ceremonia de juramentación presidida por la secretaria Rice en la antesala de su despacho en el Departamento de Estado, la tarde del jueves 16 de junio. No tuvimos tiempo para ni siquiera preparar una apropiada lista de invitados; por lo que llamamos a algunos amigos a última hora y les invitamos. Uno de ellos fue el embajador de España en Estados Unidos, Carlos Westendorp, quien amablemente me ofreció su mano en señal de amistad tras mi nominación. Siempre me pareció un peculiar juego de palabras que el embajador de España se llamara Westendorp, mientras que el de Estados Unidos se llamara Aguirre.

Pudimos conseguir un boleto de avión para llegar a Madrid, tras un vuelo nocturno, la mañana del domingo 26 de junio. Los días previos a nuestra partida, seleccionamos apresuradamente los pocos efectos personales, ropa, libros y archivos de trabajo que enviarían los agentes de transporte a Madrid. Escogimos la ropa que cabía meter en nuestras maletas para subsistir antes de que llegara el resto de nuestras pertenencias varias semanas después. Por suerte, la residencia del embajador estaba impecablemente equipada, así que no tuvimos que preocuparnos por el envío de muebles, utensilios de cocina, ropa de cama ni otros enseres domésticos.

Tan solo tres días antes de nuestra salida programada, el presidente Bush me invitó a una reunión en la Casa Blanca el miércoles 22 de junio. Previamente a la reunión, yo había preparado una lista de prioridades estratégicas que me serviría de hoja de ruta. Incluía cuestiones de seguridad nacional relacionadas con la prevención del terrorismo, medidas contra el narcotráfico e intercambio de inteligencia con los interlocutores apropiados. La lista abarcaba el papel de España en Afganistán, las bases en Morón y Rota, la cooperación militar, asuntos propios de la OTAN, y otras cuestiones de defensa. También abordaba dos delicados temas multilaterales: los presos políticos en Cuba y las violaciones de derechos humanos; además, de la inoportuna reciente venta de patrulleras y aviones militares españoles a Venezuela.

El presidente me recibió cálidamente en la puerta del Despacho Oval y caminamos juntos hacia la icónica chimenea con el retrato de George Washington colgado sobre ella. Me invitó a sentarme a su lado en el sofá ubicado a su izquierda. El asesor de Seguridad Nacional, Stephen J. Hadley, estaba sentado a mi izquierda en ese sofá. Completando a nuestro pequeño grupo de cuatro, Kurt D. Volker se sentó en el otro sofá, frente a Steve y a mí, con todos rodeando la alfombra presidencial. Kurt, en ese momento, era director interino de Asuntos Europeos y Euroasiáticos del Consejo de Seguridad Nacional y tomó notas durante la reunión, aunque no participó en la conversación. Después, durante mi mandato como embajador, conocí y admiré a Kurt, un estratega reflexivo y un sabio diplomático; el presidente Bush posteriormente lo nombraría embajador ante la OTAN.

El presidente Bush no dedicó mucho tiempo a charlas preliminares. Tras felicitarme por mi confirmación en el Senado, me dijo: "Como embajador en España, tienes una importante tarea por delante. España es un país y un aliado importante. Sin embargo, no tolero a ese 'tal por cual' de Zapatero (usando otras palabras burdas poco apropiadas para este libro). Días después de ganar las elecciones, ordenó la retirada precipitada de España de Irak, poniendo en riesgo nuestras fuerzas. Pero nuestra relación con España necesita mejorar. ¡Tienes que arreglarla!".

Me fascinó la inesperada intensidad de sus palabras y la fuerza de su lenguaje corporal. Mi respuesta fue repasar con él la lista de prioridades estratégicas que había elaborado en colaboración con mis colegas del Departamento de Estado y enviado a la Casa Blanca antes de mi visita. Me comprometí a hacer todo lo posible para mejorar la relación entre nuestros dos países, haciendo hincapié en la seguridad y la cooperación económica. Tras escuchar los puntos clave de la detallada presentación que anteriormente había recibido, miró a Steve Hadley, quien asintió imperceptiblemente.

El presidente entonces me dijo: "Esos puntos me parecen bastante acertados. Recuerda, no soporto a ese 'tal por cual'. No me invites a España ni me pidas que yo lo invite a la Casa Blanca. ¡Solo haz tu trabajo!". El presidente entonces mencionó su afinidad personal con el expresidente español José María Aznar y su aprecio por España, añadiendo: "Por supuesto, recuerda tratar a todos correctamente y con respeto".

En ese momento, Steve Hadley se puso de pie y dijo: "Gracias, señor presidente", terminando así nuestra reunión que había durado cuarenta y cinco minutos.

Al despedirme le estreché la mano al presidente Bush, le agradecí esta nueva oportunidad de servir a mi país en su administración, y luego salí. Mientras caminaba por los pasillos del ala oeste de la Casa Blanca hacia la salida y más tarde, mientras regresaba de vuelta a la oficina, no pude evitar revivir en mi mente partes cruciales de la reciente conversación. La reunión me había dado un propósito claro, pero me dejó con la extraña sensación de ir solitario a lo que sería una misión compleja y distante por un período de cuatro años. Estaría relativamente aislado y sin el apoyo del buque bandera. ¡¿En qué lío me he metido!?

Sin embargo, al analizar más a fondo la conversación con el presidente Bush, me invadió una extraña sensación de autopoderío. Me di cuenta de que tenía claro lo que debía hacer, incluyendo una lista de una docena de prioridades estratégicas aprobadas por el presidente en el Despacho Oval. No encontrar adicional orientación en Washington, D.C., después de todo, no era tan malo. Me imaginé ser el comandante de un barco con claras instrucciones de navegación y sin canales de comunicación con el almirantazgo. Sí, estaba solo; sin embargo, también conocía mi destino y lo que se necesitaba para cumplir mi misión. En verdad, no había ningún problema, ¡sentí que la situación estaba bajo mi control!

La última semana antes de nuestra partida estuvo llena de actividad: empaquetar cajas para la mudanza, despedirnos de amigos y colegas, y completar los chequeos médicos y vacunas obligatorios del Departamento de Salud en el Departamento de Estado. El sábado 25 de junio, antes de embarcar en un vuelo de Continental Airlines desde Newark para nuestro vuelo nocturno a Madrid, mientras descansábamos en la sala vip de Continental Airlines, escuchamos a una pareja que se dirigía a Madrid con urgencia para atender una emergencia médica de su hijo adolescente que viajaba con un grupo de estudiantes. Su angustiada conversación llegó a mis oídos con la suficiente fuerza como para darme una idea general de su situación. Su hijo estaba en un viaje de verano en España organizado por la escuela, sufriendo un inesperado problema de salud que lo llevó al hospital. Los padres, ambos médicos, presas del pánico, tenían pocos detalles sobre el estado de su hijo y no habían podido hablar con nuestros servicios consulares para solicitar asistencia. Tras presentarme, compartieron con esperanza la información relevante, la cual yo transmití al personal de mi nueva embajada al aterrizar en Madrid, solicitando su intervención inmediata. Tras nuestra llegada, indagué y supe que al final todo salió bien para el joven y su familia. Fue un comienzo interesante y precoz para nuestra misión en España.

25. Madrid

Alrededor de las 8:30 h del domingo 26 de junio, aterrizamos en el Aeropuerto Internacional de Barajas, Madrid. Antes de que los demás pasajeros pudieran desembarcar, un funcionario del Servicio Exterior de la Oficina de Protocolo del Gobierno español, junto con Bob Manzanares, subjefe de Misión de nuestra embajada, abordaron el avión y se acercaron a donde Tere y yo estábamos sentados. Nos dieron una cálida bienvenida a España y nos acompañaron por las escaleras hasta la pista. Entonces subimos a una furgoneta para un breve trayecto de pocos minutos hasta la sala vip del aeropuerto. Allí, nos recibió una fila de personal de mayor rango de la embajada, todos con rostros radiantes y amables. La esposa de Bob, Marveen, le presentó a Tere un hermoso ramo de flores. El breve evento nos hizo sentir muy bienvenidos. Bob me preguntó si estuviera disponible para una breve rueda de prensa con los periodistas locales que habían acudido a cubrir mi llegada a España. Acepté con gusto la oportunidad y nos trasladamos a una pequeña sala de prensa contigua a la sala vip. Hablando en español, di una breve declaración inicial y accedí a responder algunas preguntas de los periodistas.

Al día siguiente, el diario El Mundo publicó un artículo halagador con mi foto y el siguiente titular: "El nuevo embajador de Estados Unidos, al llegar a Madrid, dijo: 'Su país es nuestro amigo, un gran aliado'". Añadía en letra más oscura que yo había mencionado objetivos comunes entre nuestros países, como la lucha contra el terrorismo. Continuó citándome con la siguiente declaración: "Nuestras relaciones se basan en valores comunes como la libertad y la democracia, la igualdad de derechos y oportunidades para todos". El artículo completo recogía con precisión mis palabras, anteriormente cuidadosamente seleccionadas, y facilitándome una magnífica presentación ante los lectores de El Mundo, tan solo un día después de mi llegada.

Tras la rueda de prensa, nos despedimos de la delegación de bienvenida y salimos por una puerta privada, donde nos encontramos con nuestro chófer, Cristóbal

Cazorla, y los dos policías españoles vestidos de civil asignados a nuestro equipo de seguridad. Rápidamente, nuestra pequeña caravana partió hacia nuestra nueva residencia en Madrid, situada en Paseo de la Castellana, número 42. Éramos un conjunto de tres vehículos, con el equipo de seguridad español en su coche patrulla sin distintivos a la cabeza, seguido de cerca por nuestro BMW azul oscuro blindado. Un vehículo de la embajada, con Bob y Marveen en el asiento trasero, cerraba la marcha.

Imagen 7. Tere y Eduardo ilustran la portada de una de las muchas revistas de España (2007).

Nuestro pequeño grupo entró en la residencia, pasó junto a los guardias de la puerta principal, subió por la entrada y se detuvo frente a la puerta principal. Allí, alineados con sus respectivos uniformes, había más de una docena de miembros del personal. Nos presentaron a la directora de la residencia, Silvia de la Maza, quien a su vez nos presentó a cada miembro del personal. Aunque estábamos un poco afectados por el cansancio del viaje, intentamos escuchar con atención mientras cada uno explicaba brevemente su función y nos daba la bienvenida a nuestro nuevo hogar. Silvia, Bob y Marveen nos dieron un recorrido rápido por la inmensa residencia y luego tomamos un desayuno ligero. Por fin, Tere y yo pudimos ir a nuestra habitación a echar una siesta. Nuestra cama ya estaba preparada y las cortinas cerradas para que la habitación estuviera oscura. Estábamos cansados y nos dormimos rápidamente ganándonos un breve y reparador descanso. Pensé: "¡Hasta ahora, todo bien!".

Ese domingo, después de un descanso de tres horas, Tere y yo exploramos tranquilamente nuestro nuevo y espacioso hogar. La residencia se compone de dos áreas principales: la planta baja, dedicada a recibir visitantes, y la segunda planta, dedicada a la residencia privada. Una tercera planta, más pequeña, alberga las habitaciones de algunos miembros del personal en residencia. La zona de representación tiene un doble uso. Tere y yo la usábamos ocasionalmente para nuestro propio esparcimiento; en particular, disfrutando de la gran piscina y del patio exterior con vistas a los bien cuidados jardines y terrenos de la residencia. Sin embargo, se usaba con más frecuencia para recibir a visitantes en diversas funciones de la embajada: reuniones de negocios y sociales, cafés, cócteles, cenas íntimas o multitudinarias, representaciones artísticas, etc. En todas partes, las paredes estaban vacías de cuadros, ya que las selecciones del Programa de Arte de la embajada aún no habían llegado y no lo harían hasta pasar varios meses.

La "residencia privada" de la planta superior nos sirvió como un apartamento completamente funcional, con un amplio dormitorio y baño, armarios, vestidor, dos salas de estar, una oficina y un comedor privado. Nuestras habitaciones privadas contaban con bellos cuadros colgados en las paredes, muebles cómodos y decoraciones de mesa que nos encantaron y nos hicieron sentir como en casa desde el primer momento. Cuando luego llegaron nuestros objetos personales de Washington, pudimos añadir fotos familiares y otras decoraciones personales, pequeños detalles que realmente mejoraron nuestra percepción de nuestro nuevo entorno.

Tras un almuerzo ligero preparado por el personal de cocina, Tere y yo le pedimos a Cristóbal que nos llevara en coche durante un par de horas a recorrer Madrid, tanto para aliviar el trasnochar del viaje como para reencontrarnos con una de las ciudades más maravillosas del mundo. Cristóbal resultó ser un excelente guía turístico, ofreciéndonos descripciones con sus amplios conocimientos y comentarios históricos sobre cada impresionante edificio, fuentes espectaculares e imponentes monumentos mientras pasábamos pausadamente junto a ellos. Como expertos viajeros internacionales, Tere y yo sabíamos lo importante que era mantenernos despiertos el mayor tiempo posible antes de dormir bien toda la noche. Sin embargo, estábamos tan cansados que finalmente nos rendimos y nos retiramos a dormir sobre las 20 h de la tarde.

El lunes, Tere y yo nos levantamos temprano, con ganas de empezar nuestra nueva y emocionante misión. Poco después de desayunar, llegaron Bob y Marveen para compartir un café y llevarnos a dar un paseo por la embajada, incluyendo breves reuniones con muchos de los más de trescientos empleados. Empezamos caminando a través de un pequeño túnel privado y cerrado que conectaba nuestra residencia con la Cancillería (nombre técnico del edificio de la embajada). Aunque cada edificio es independiente, sus respectivas paredes traseras colindan, lo que permite un paso corto y cómodo por ese pasillo.

Tras el recorrido, tuvimos una breve reunión con los jefes de las diferentes secciones, la mayoría de los cuales ya habíamos conocido a nuestra llegada al aeropuerto veinticuatro horas antes. A continuación, tuvimos una sesión informativa de seguridad: para mí, con el oficial de Seguridad Regional, Randall Bennett, y otra para Tere, con el asesor de Gestión, Michael Hoza, para tratar cuestiones básicas de seguridad, presupuesto, y asuntos propios del manejo de la residencia. Mientras Tere y Michael se reunían, Bob Manzanares me invitó a su oficina y me explicó los horarios y los procedimientos de la oficina. Bob me cayó muy bien desde el principio y, con cada momento que pasaba, me infundía cada vez más confianza.

Durante nuestra conversación, debió sentirse cómodo conmigo, porque me dio un consejo personal que aún hoy recuerdo con claridad. "Señor embajador", me dijo con una sonrisa cómplice, "usted tendrá muchas oportunidades de hablar con muchos; aquí en España, ¡lo que usted diga importa! Sus palabras y sus acciones harán noticia. Recuerde que será dueño de su silencio y esclavo de sus palabras".

La profundidad de sus palabras me pareció sumamente perspicaz; hay que tener cuidado con lo que se dice y hay que medir las observaciones dichas en voz alta. La sabiduría de lo que Bob me dijo me fue muy útil, no solo durante mi etapa como embajador, sino también en los muchos años posteriores.

Esa misma tarde, Bob, un par de altos funcionarios de mi equipo y yo fuimos al Ministerio de Asuntos Exteriores a presentar copias de mis credenciales diplomáticas. Entregué el documento al ministro Miguel Ángel Moratinos Cuyaubé, quien, sin leerlo, se lo pasó a uno de sus subordinados. Él y otros miembros de su equipo cordialmente nos ofrecieron un refrigerio mientras manteníamos una conversación informal. Compartí con él un breve resumen de las prioridades que con el presidente

Bush yo había examinado apenas unos días antes. Ambas partes tomaron nota de todo lo que se decía, lo que me hizo recalcar que tales conversaciones, por muy "relajadas" que parecieran, tenían una importancia trascendental y duradera.

Para concluir un primer día largo y lleno de acción, Bob y Marveen ofrecieron una cena informal de bienvenida a la que asistieron los líderes de la embajada y sus esposas. Tere y yo estábamos muy cansados del viaje y el cambio de horario, así que ese lunes por la noche nos fuimos a dormir justo después de cenar.

26. Presentación de credenciales diplomáticas

Antes de nuestra llegada a Madrid, se estimaba que pasarían semanas, incluso meses, antes de que pudiera presentar mis credenciales diplomáticas al rey. Esto se debía a que, en España, estas ceremonias se celebran esporádicamente a lo largo del año, más que nada dependiendo del número de nuevos embajadores pendientes del protocolo. Me habían dicho que quizás sería en octubre o noviembre cuando me tocara el turno. Hasta que no se presenten y acepten las credenciales, los embajadores no están autorizados a ejercer sus funciones oficiales fuera de los confines de la embajada. Al salir de nuestra reunión del lunes con el ministro de Asuntos Exteriores, Moratinos, me sorprendió informándome de una inesperada y grata noticia. Yo sería incorporado, de última hora, a la ceremonia de entrega de credenciales programada para el miércoles 29 de junio, apenas dos días después, y apenas tres días después de aterrizar en Madrid.

Esta imprevista y feliz sorpresa forzó un rápido ajuste en nuestra preprogramada agenda. Obviamente, me encantó comenzar, tan pronto después de mi llegada, como embajador con todas las requeridas acreditaciones. Al mismo tiempo, me di cuenta de que la mayor parte de nuestra ropa y todas las condecoraciones que había recibido de otros gobiernos, que normalmente se lucirían con atuendo formal, estaban en tránsito desde Washington con el resto de nuestras pertenencias. En resumen, aunque poseía todo el atuendo formal apropiado para la ceremonia, se encontraba empaquetado en una caja cruzando el Atlántico con destino a Madrid. Antes de que terminara el día, Bob y yo nos dirigimos apresuradamente a una tienda de alquiler de ropa formal, donde rápidamente nos tomaron las medidas para nuestro frac, el atuendo correcto para una ceremonia diplomática donde se exige la máxima etiqueta y gala. Las apropiadas vestimentas nos fueron entregadas urgentemente al día siguiente, justo a tiempo para la presentación de credenciales.

Las credenciales diplomáticas cumplen con un antiguo protocolo entre países que mantienen relaciones diplomáticas, y son verdaderos documentos que se adhieren a ciertas reglas. En mi caso, yo presenté dos sobres, el más pequeño contenía una carta que finalizaba el término del embajador anterior de su misión en España. El sobre más grande contenía una extensa carta, firmada por el presidente de Estados Unidos, en la que se indicaba al jefe de Estado, el rey Juan Carlos I, que yo era su enviado con poderes extraordinarios y plenipotenciarios para representar a Estados Unidos en su reino de España. Esa representación abarcaba una amplia gama de asuntos, incluyendo mi capacidad de hacer declaraciones de guerra y paz. El documento también solicitaba que España me protegiera durante el término de mi mandato en el país, lo que comúnmente se conoce como inmunidad diplomática.

Me decepcionó un poco saber que el protocolo estipulaba que solo el embajador, y no su cónyuge, estaba convocado a la ceremonia. También se permitía la presencia de cuatro funcionarios de la embajada.

A las 10 de la mañana en punto, el almirante español Antonio González-Aller, con su uniforme de gala, llegó a nuestra puerta en una clásica limusina negra Mercedes Benz para acompañarme, con escolta policial, al Palacio de Santa Cruz, situado en el antiguo Madrid. Allí, esperamos apenas quince minutos antes de proceder a la plaza frente al palacio, donde me esperaba un imponente carruaje dorado del siglo XVII, atendido por un conductor y cuatro lacayos, todos vestidos con resplandecientes y coloridos uniformes de época. Una vez sentado en él, el carruaje, con los lacayos a su lado, avanzó lentamente por las antiguas calles de Madrid, escoltado por varias docenas de la Caballería Real montada sobre espectaculares caballos blancos. La caballería vestía radiantes uniformes de época y portaba largas lanzas rematadas con banderines de colores rojos y amarillos. Finalmente, después de aproximadamente un kilómetro, llegamos a la Plaza de Armas, frente al Palacio Real, donde la Banda Militar Real nos recibió con una conmovedora interpretación del himno nacional de Estados Unidos. ¡En ese momento, casi me encandilé! Como dije en el prefacio, al principio de estas memorias, no pude evitar sentir lágrimas al recordar mi largo, tortuoso y a veces accidentado viaje abarcando mi salida de Cuba, mi llegada a Estados Unidos, culminado en esta emocionante y trascendental ceremonia. Reconocí que estaba a punto de recibir el alto honor y la responsabilidad de representar a mi país adoptivo en el extranjero. Sin embargo, me forcé a calmarme antes de dejarme llevar por una cadena de sentimentales emociones. Presentía que emocionarme ante el rey disminuiría la percepción del serio propósito de mi misión. Así pues, me obligué a vivir una experiencia casi extracorpórea y adopté una actitud serena y sosegada, reprimiendo mis emociones hasta que, más tarde, tuviera la oportunidad de reflexionar los acontecimientos en privado.

Imagen 8. Escolta militar con todo su atuendo mientras Eduardo es llevado al Palacio Real de Madrid a presentar credenciales de embajador al rey Juan Carlos I (2005).

El carruaje continuó hasta una plataforma cubierta, donde desmontamos y fuimos recibidos al pie de la escalera principal por el capitán de alabarderos (soldados de la Guardia Real armados con alabardas, una lanza combinada y un hacha de guerra). La impresionante tropa de alabarderos, uniformados de época, se mantenía firme a ambos lados de los peldaños de la gran escalera. Al llegar al primer nivel, me recibieron Bob Manzanares y tres de mis oficiales superiores de la embajada, quienes habían sido invitados a la ceremonia. Tras unos minutos de intrascendente charla en la antesala, nos condujeron al impresionante salón ceremonial, en cuyo centro se encontraban el rey Juan Carlos I y el ministro de Asuntos Exteriores, Miguel Ángel Moratinos. Como ya me habían indicado, caminé hacia ellos y me detuve a un metro del rey. Extendí las manos y le entregué las dos cartas, diciéndole simultáneamente: "Majestad, le presento las cartas credenciales diplomáticas que me acreditan como embajador extraordinario y plenipotenciario de los Estados Unidos ante el Reino de España". La ceremonia fue coreografiada para impresionar y maravillar a los diplomáticos y dignatarios extranjeros; de hecho, fue apropiadamente impresionante en todo su esplendor.

El rey tomó las cartas, me felicitó, y me invitó a conversar brevemente con él y el ministro Moratinos en una contigua pequeña sala de estar. Anteriormente había sido informado que la reunión solía ser formal y no duraría más de cinco minutos. Sin embargo, nuestra reunión se extendió a cerca de cuarenta minutos, ya que el rey me hizo una serie de preguntas. Primero, me preguntó si prefería hablar en inglés o español, a lo que respondí español; luego comencé diciéndole que el presidente Bush le enviaba sus más cálidos saludos. Me dio las gracias y me pidió que le devolviera sus mejores deseos. Inmediatamente después, me preguntó cómo estaban "41" (el presidente George H.W. Bush) y su viejo amigo y antiguo rival en regatas de vela, el exsecretario de Comercio, Robert A. Mosbacher. Luego, habló de sus amigos Alfie y Pepe Fanjul, dos hermanos cubanoamericanos famosos por su impresionante producción azucarera e influencia política; a ambos los había conocido hacía varios años en la República Dominicana.

Imagen 9. El embajador Eduardo Aguirre presentando sus cartas credenciales al rey Juan Carlos I en el Palacio Real de Madrid (2005).

Inesperadamente, el rey me preguntó sobre mi experiencia de Pedro Pan; un tema que esquivé, para evitar ponerme inapropiadamente conmovido. Quería evitar encontrarme atascado en una conversación sentimental y personal. En cambio, estaba enfocado en dedicar el breve tiempo que nos quedaba a sostener una puntual conversación sobre los cruciales asuntos que impactan en esos momentos nuestras presentes y futuras relaciones bilaterales. Aludiendo a la lista de temas ya tratados con el ministro Moratinos un par de días antes, aproveché la oportunidad para repetírselos al rey, recalcando que mi mensaje reflejaba las prioridades del presidente Bush. Moratinos ya le había reportado previamente al rey, y él sostuvo breves conversaciones conmigo sobre cada uno de los temas, prometiéndome que cada uno recibiría la completa atención del gobierno español. La tertulia concluyó muy amistosamente y sentí que había cumplido con mis cometidos.

Después de nuestra reunión, me reuní con Bob y los demás funcionarios de la embajada. Estaban asombrados de lo mucho que había durado nuestro encuentro y querían asegurarse de que todo había ido bien. Les aseguré que la reunión había resultado maravillosa. Luego, me reuní con Tere, que nos esperaba a las puertas del palacio, y juntos regresamos en el coche de la embajada a nuestra residencia. Durante la trayectoria le conté detalles de la experiencia. Ya en la residencia nos unimos con Bob y los demás en un brindis de celebración con cava y aperitivos ligeros.

Al día siguiente, tras reunirme con nuestra jefa de protocolo, convocamos una asamblea general. Comencé mi discurso elogiando a Bob, un merecido reconocimiento, y agradeciéndole por dirigir la embajada durante un año y medio y por llenar con maestría el vacío dejado por la prematura partida de mi predecesor, el embajador George Leon Argyros. Al principio, empecé a hablar en inglés; sin embargo, dado que dos tercios de la embajada estaban compuestos por españoles locales, después de unos minutos, cambié al español. Tere también pronunció algunas palabras, repitiendo el breve discurso que había preparado y ensayado semanas antes durante la Escuela de Protocolo. Disfrutamos de sentirnos bienvenidos por todos los presentes.

Pocos días después publicamos internamente las siguientes pautas a seguir para el personal de la embajada:

REPRESENTACIÓN DE LOS ESTADOS UNIDOS ANTE ESPAÑA Y ANDORRA

Misión

Representaremos, apoyaremos y explicaremos ante los gobiernos y pueblos de España y de Andorra nuestros intereses en el terreno bilateral respecto a cuestiones de terrorismo y seguridad, geopolíticas, comerciales, económicas, culturales y militares.

Fomentaremos el diálogo con todos los interlocutores adecuados en España y Andorra, explicando nuestros intereses de forma persuasiva, y escuchando sus prioridades y preocupaciones con atención.

Mantendremos amplios cauces de comunicación con los ciudadanos de los Estados Unidos en el extranjero, prestándoles eficazmente toda la ayuda debida.

Visión

Buscaremos un terreno común con los gobiernos y los pueblos de España y Andorra en cuestiones de interés bilateral, en un clima de diálogo y mutuo respeto.

Nos esforzaremos por ser un modelo para las Embajadas de los Estados Unidos en todo el mundo, mediante el establecimiento de formas para medir tanto la colaboración operativa como la eficacia de los empleados y la diplomacia transformadora.

Valores centrales

Colaboración, credibilidad, eficacia e implicación.

27. Fiesta del Día de la Independencia

Al día siguiente, viernes 1 de julio, nuestra embajada celebró el Día de la Independencia. Tenía curiosidad por saber por qué no habíamos celebrado la fiesta el propio 4 de julio y me enteré de que el costo sería excesivo si el personal tuviera que trabajar horas extras durante el fin de semana. Esta fiesta tradicional, planeada por el personal de la embajada con muchos meses de antelación, parecía una feria campestre, con música en vivo y puestos de madera por todo el recinto, decorados con brillantes colores. Voluntarios atendían los puestos, ofreciendo comida, bebidas, y pequeños obsequios. Los puestos de Bacardí y Häagen-Dazs parecían tener las colas más extensas. Bob me contó que el evento del año anterior tuvo una parca concurrencia, pero que la llegada de un nuevo embajador siempre atraería a una multitud desbordante, esperando recibir unos dos mil de nuestros "más cercanos y queridos amigos". Entre esa multitud, habría algunos expatriados estadounidenses, pero la mayoría estaría compuesta por españoles y diplomáticos extranjeros.

Al comenzar la celebración, los asistentes pasaban por el control de seguridad, caminando por nuestra entrada y formando una fila de recepción donde los recibimos Bob, Marveen, Tere y yo. En el balcón, detrás de nosotros, ondeando al viento, serpenteaban las banderas de los cincuenta estados americanos, enmarcando el evento con un bello fondo significativo y colorido. Cada vez que llegaban ministros, generales, almirantes y otras personalidades, la jefa de Protocolo, Marta Soriano, los escoltaba directamente a nuestra fila de recepción y anunciaba su llegada. Los fotógrafos de los medios de comunicación iluminaron cada momento con sus brillantes relámpagos.

Tras la llegada de la mayoría de los asistentes, escuchamos los acordes del himno de los marines "Semper Fidelis", mientras una guardia de honor compuesta de marines estadounidenses y españoles, luciendo sus respectivos uniformes de gala, marchaba hacia nosotros portando las banderas de Estados Unidos y España, así como la bandera propia del embajador y la de los marines estadounidenses. Se cuadraron frente a mí, y los primeros acordes de "Hail to the Chief" (un honor debido a los embajadores) antecedió a la interpretación de los himnos nacionales de España y Estados Unidos. Tras finalizar los himnos, me situé detrás de un podio, di la apropiada bienvenida, giré un momento hacia la bandera estadounidense que tenía detrás y, con voz firme, hablé en español a la multitud reunida:

> Esta bandera significa mucho para mí. Hace ya 44 años, en tiempos muy difíciles, mis padres, con valentía, eligieron enviarnos, de pequeños, a mi hermano y a mí, a Estados Unidos en busca de una vida con libertad y oportunidades. Los padres de Tere tomaron la misma decisión. Los padres de más de catorce mil niños cubanos hicieron lo mismo.

> Para nuestros padres, esta bandera representó la libertad… las oportunidades… y la esperanza. Y eso es lo que encontré en mi país adoptado. Mucha gente generosa y amable ayudó a cuidarme durante los años alejado de mis padres. Con el pasar de los años, pude recibir una buena educación, tuve éxito en el mundo de los negocios, y hoy sirvo a mi país en la administración del presidente Bush. Creo que ilustra muy bien lo que es Estados Unidos que, siendo yo mismo un inmigrante, llegara a ser el director de los servicios de inmigración, y ahora embajador.

> Estados Unidos —mi país— continúa representando la libertad y las oportunidades para todos.

> Sé que algunos no comparten esta convicción. Sé de las protestas, la ira y la hostilidad que algunos han dirigido hacia Estados Unidos. Sé que, para algunas personas de buena voluntad, esta bandera se malinterpreta con el imperialismo, la prepotencia y la agresión. Respeto a aquellos que no conocen a mis EE.UU., y a su derecho de manifestar sus opiniones. Parte de mi labor es tratar de que nos conozcamos apropiadamente. Quisiera dar a conocer lo que es Estados Unidos como país, y lo que son nuestros ideales.

> Nuestra Declaración de Independencia es la expresión más elocuente de esos ideales. Lo que celebramos hoy, como hemos hecho durante 229 años, no es la culminación del camino de nuestro país, sino aquel comienzo en 1776. En vez de proclamar haber alcanzado nuestras elevadas metas, nos consagramos de nuevo, como dijo Abraham Lincoln, a "la gran tarea que tenemos por delante": que es, construir y fortalecer una sociedad democrática fundada en la libertad, las oportunidades y la igualdad.

> En nuestro día nacional, no celebramos victorias militares o conquistas o renombrados triunfos. Ni siquiera conmemoramos nuestra independencia —pues después de que Thomas Jefferson y otros patriotas escribieron este documento, aún quedaban ocho años de guerra antes de que se alcanzara esa independencia. En

lugar de eso, celebramos la audacia, el coraje, la nobleza y el idealismo de los que declararon su derecho a la libertad.

Han pasado más de dos siglos, y nuestra democracia se continúa enfrentado a muchas pruebas duras. En ocasiones, nuestro progreso hacia estos grandes ideales ha sido difícil y arduo.

Hoy, conjuntamente, las democracias del mundo se enfrentan a otra prueba durísima. La brutalidad y la crueldad de los terroristas nos impactan. Su implacable tenacidad puede desanimar a algunos.

Pero no debemos perder la fe. Nuestro compromiso con los valores e ideales proclamados en la Declaración de Independencia permanece inalterable y bien fundado.

La democracia ha tenido muchos enemigos durante estos años. Pero los millones de inmigrantes que, como Tere y yo, continúan acudiendo a nuestras puertas, ven libertad y oportunidades ilimitadas. ¡Como llegar a ser embajador de EE.UU.! Esos son los ideales que celebramos esta bella tarde.

Hago votos porque los que gozamos de vivir en países libres nunca olvidemos nuestra gran suerte. Nunca olvidemos que los que viven sin libertad, siempre han tenido y siempre tendrán derecho a ella.

Me enorgullece tener a España como importante aliado y preciado amigo. Juntos, nuestros países trabajan para fomentar la causa de la libertad, proteger los derechos humanos y mantener la paz en muchos lugares del mundo. No solo compartimos fuertes lazos históricos, culturales y lingüísticos. Más aún, compartimos los mismos valores fundamentales de libertad, oportunidades, justicia e igualdad para todos. Estoy seguro de que nuestra amistad y nuestra alianza continuarán y se fortalecerán, mientras trabajamos juntos para construir un mundo más pacífico, más próspero y libre.

Gracias a todos de nuevo por compartir esta velada con nosotros. ¡Viva España! ¡Y que Dios bendiga a América!

Me complació mucho escuchar un entusiasta aplauso y observar muchos gestos de aprobación. Algunas personalidades del público se acercaron a estrecharme la mano y felicitarme por mi mensaje. Disfruté especialmente de los efusivos elogios del ministro Moratinos y del general Félix Sanz Roldán, jefe del Estado Mayor Conjunto de España. Al final de la velada, estaba tan cansado como eufórico. ¡No podría haber deseado un evento más exitoso!

Nos acostamos tarde y a la mañana siguiente, Tere y yo, agotados física y mentalmente, dormimos hasta el mediodía. Al despertar, reconocimos que solo habían pasado seis días desde nuestra llegada y habían sucedido una multitud de cosas.

Madrid, 4-7-2006.- El embajador EEUU en España, Eduardo Aguirre (c), acompañado de su esposa María Teresa (i), en un momento de su discurso durante el acto de celebración del 230° aniversario del Día de la Independencia estadounidense, en el que ha mostrado su dolor y solidaridad con el pueblo español por la tragedia del accidente del metro de Valencia. A la recepción, celebrada en la embajada de Estados Unidos en Madrid, han asistido los ministros de Asuntos Exteriores, Miguel Ángel Moratinos (2° d); de Defensa, José Antonio Alonso (3° d), y la presidenta de la Comunidad de Madrid, Esperanza Aguirre (2ª i). EFE/Bernardo Rodríguez.

Imagen 10. Tere Aguirre (izquierda) y Eduardo (centro) flanqueados por dignatarios españoles durante la celebración del 4 de julio en la Residencia del Embajador en Madrid (2005).

28. La Embajada y el equipo

Nuestra embajada en Madrid gestiona las relaciones bilaterales entre Estados Unidos y España, y entre Estados Unidos y Andorra. También trata asuntos multilaterales, como temas de seguridad en el Mediterráneo y el norte de África. Gestiona un activo programa de diplomacia pública, que incluye frecuentes contactos con diversos medios de comunicación, y apoya al Departamento de Comercio en la promoción del comercio y la inversión bilateral. La sección consular presta múltiples servicios a ciudadanos estadounidenses y procesa servicios de visado a ciudadanos no estadounidenses que deseen visitar o emigrar a Estados Unidos. Veintitrés departamentos, agencias y entidades del gobierno estadounidense están agregados a la misión. Conjuntamente, todo el equipo promueve los intereses estadounidenses y las relaciones entre nuestros gobiernos y ciudadanos privados.

El 11 de marzo de 2004, la concurrida principal estación de trenes de Madrid, Puerta de Atocha, sufrió un coordinado atentado terrorista que causó la muerte de 193 personas y heridas a dos mil. Un mes después, el 16 de abril de 2004, en parte influenciadas por dicho atentado, las elecciones nacionales españolas cambiaron el gobierno del presidente José María Aznar, del Partido Popular (PP), de centroderecha, al presidente José Luis Rodríguez Zapatero y su Partido Socialista Obrero Español (PSOE), de centroizquierda.

Como mencioné anteriormente, el presidente Rodríguez Zapatero, cumpliendo sus promesas de campaña electoral, ordenó una repentina retirada de las tropas españolas de Irak, creando una prematura brecha en el frente de batalla de las tropas de la coalición, exponiéndolas a una indebida situación de riesgo. Si bien la eventual retirada era esperada, su rapidez no lo fue, lo que impidió una ordenada transferencia de tropas para reemplazar a los que salían.

Ese y otros incidentes, como la pública falta de respeto a la bandera estadounidense por parte del entonces candidato de la oposición Rodríguez Zapatero, y el menosprecio público de la guerra de Irak en una conferencia internacional poco después de la retirada militar española, enfriaron las relaciones entre España y Estados Unidos.

El presidente Bush me había encomendado la misión de reducir la tensión existente, encontrar puntos en común con el gobierno español y normalizar la relación entre nuestros dos países. Precisamente, fueron estas tensiones las que propiciaron mi nombramiento como embajador en España. Poco después de las elecciones estadounidenses de 2004, que le otorgaron al presidente Bush un segundo mandato, influenciado por estas tensiones persistentes, el embajador George Leon Argyros dejó el puesto y regresó a su hogar en California unos seis meses antes de mi llegada. Esto dejó solo a Bob Manzanares como Chargé d'affaires (encargado de negocios), un término diplomático de origen histórico indicando que ejercía como embajador, pero sin el título.

Tras pasar muchos meses de reflexión, planificación y formación, yo estaba deseando empezar mis funciones en Madrid. Uno de mis objetivos principales era convertirme en un jefe de misión eficaz y práctico, tratando de no microgestionar a ninguno de los miembros de mi equipo. Para empezar, Bob y yo acordamos que cada líder de departamento me daría directamente un reporte general, así permitiéndome catar de primera mano el estado de su cartera y sus específicas responsabilidades. Para mantener la cadena de mando y demostrar mi respeto por Bob, él se sentó junto a mí durante todas las sesiones informativas.

En aquel momento, nuestra embajada contaba con veintidós distintas secciones o departamentos: Política, Económica, Asuntos Públicos, Comercial, Seguridad Regional, Asuntos Regionales, Agricultura, Defensa (Ejército, Armada/Infantería de Marina, Fuerza Aérea), Oficina de Cooperación para la Defensa, Agregado Legal, Control de Drogas (DEA), Servicio de Inmigración y Control de Aduanas (CBP) del Departamento de Seguridad Nacional (DHS), Administración de Seguridad en el Transporte (TSA) del DHS, NASA, Consulado, Protocolo, Administración del Seguro Social, Servicio Postal de EE.UU., Administración, Cooperación de Inteligencia y Ejecutivo. Más tarde, en 2007, agregamos el Servicio Secreto del DHS (USSS) a la combinación, para un nuevo total de veintitrés secciones.

Cada una de esas secciones trabajaba regularmente con sus homólogos de los gobiernos español o andorrano; a su vez, informaba acerca de sus operaciones dentro de la jerarquía de la embajada y también a su respectiva cadena jerárquica en Washington, D.C. Esta estructura organizativa muestra un buen ejemplo de gestión matricial, una estructura organizativa en la que los empleados reportan a dos o más gerentes simultáneamente, combinando la estructura funcional (departamentos de especialización) con la estructura basada en proyectos. Yo, como jefe de misión, aspiraba a estar al tanto de las operaciones de cada sección y tenía cuidado de evitar la demasía de información, lo que requería el ser muy disciplinado en establecer mi agenda diaria y administrar mi tiempo eficazmente.

Esta eficiencia solo era posible gracias a una estrecha coordinación con Bob (jefe de Misión Adjunto), mi jefe de Gabinete, Marc Sanderson, y mi especialista en Gestión de la Oficina del Servicio Exterior (OMS por sus siglas en inglés, Office of Mission Support). La o el OMS es un asistente ejecutivo con una específica formación y experto en el manejo de documentos clasificados, asignado a desempeñar un papel clave de apoyo a los altos ejecutivos en las embajadas y consulados estadounidenses presentes en todo el mundo.

La eficacia de nuestra embajada en España dependía del trabajo individual y colectivo que cada una de esas secciones realizaba con sus interlocutores españoles. Con el frío clima político entre el presidente Bush y Rodríguez Zapatero, las respectivas esferas dentro del gobierno, a ambos lados del Atlántico, tendían a marchar al ritmo de sus propias percepciones de lo que sus presidentes esperaban de ellos.

Por ende, mi labor consistía en redefinir nuestras relaciones con España y asegurar que el personal de nuestra embajada comprendiera nuestro nuevo propósito: una sólida y positiva relación de trabajo con sus homólogos del lado español. Pronto, también tendría que persuadir al gobierno español para que enviara mensajes similares a los distintos ministerios y gobiernos regionales. Trabajar bien juntos significaba normalizar las relaciones centrando nuestra atención mutua en los asuntos de interés común y cooperando plenamente en la mayoría de los asuntos de importancia estratégica.

Programamos más de una docena de sesiones informativas consecutivas, cada una con distintos grados de complejidad y detalle. Con la ayuda de Bob, pude comprender rápidamente los problemas y prioridades de cada sección. Todos los expositores abordaron adecuadamente sus áreas de especialización, demostrando su dominio de sus materias, su capacidad para sobresalir en ellos y su confianza en las fortalezas de sus equipos. Me sentí cómodo con la calidad de mi nuevo equipo, mi competencia para comprender sus misiones individuales, y mi capacidad para apoyarlos como líder.

Sin embargo, algo me preocupó: dentro de algunas unidades había varios miembros autorizados para portar y usar armas. Esta práctica había sido autorizada por el gobierno español y estaba destinada a la coordinación con las correspondientes autoridades españolas, como cuando la DEA realizaba una operación conjunta de interdicción de drogas con la Policía Nacional Española o el agregado legal del FBI se unía a la Guardia Civil en alguna misión policial. Se entendía que en el pasado el embajador había autorizado de forma general a portar armas a ese estrecho grupo, pero yo aún no me sentía cómodo con una autorización general de ese tipo. Tras compartir mis preocupaciones con Bob, decidí revocar todos esos permisos hasta reunirme individualmente con cada uno de los miembros del personal afectados. Organizamos esas reuniones con los portadores de armas, su superior inmediato, y Bob para asegurarnos de que todos entendieran y siguieran los procedimientos adecuados y comprendieran las específicas directrices para portar y usar armas en España. Como es comprensible, al principio oí algunos rumores de descontento sobre mi inesperada nueva directiva, pero la incomodidad se disipó rápidamente tras las entrevistas y el restablecimiento de las autorizaciones de portar armas. Una ventaja de este ejercicio fue que envió el mensaje al personal de que el nuevo embajador iba a ser minucioso.

29. Reparando relaciones y construyendo puentes

Para mejorar las relaciones con España, me propuse desarrollar buenas relaciones personales y diálogos sólidos con los principales interlocutores gubernamentales, como fue el rey Juan Carlos I, el presidente José Luis Rodríguez Zapatero, el Gabinete Presidencial y la cúpula militar española. Además, me propuse desarrollar sólidas relaciones con los líderes de otros partidos políticos y con importantes líderes políticos regionales y municipales. Mis objetivos incluían establecer diálogos regulares con los principales líderes empresariales y culturales de Estados Unidos y España, la alta jerarquía militar, la influyente nobleza española, líderes religiosos y de la sociedad civil española, así como con los medios de comunicación y otros importantes influenciadores de opinión. Las frecuentes charlas públicas y las múltiples apariciones en los medios eran elementos esenciales para que un embajador estadounidense llegara a la población. Por alguna razón, durante la dictadura del generalísimo Francisco Franco, el inglés no fue una asignatura prioritaria en el sistema escolar español. A nuestra llegada a España, nos enteramos de que muchos adultos españoles carecían de dominio del inglés. Por lo tanto, ser bilingüe y bicultural fue fundamental para aspirar a alcanzar mis objetivos.

El protocolo dicta que, tras presentar mis credenciales al jefe del Estado (el rey), mi primera reunión importante fuera de la embajada sería con el jefe de Gobierno (el primer ministro). Dado que en Estados Unidos el jefe del Estado es a su vez el jefe de Gobierno, los estadounidenses suelen confundir estas distinciones. Nuestra Oficina de Protocolo programó diligentemente mi primera visita con el primer ministro Rodríguez Zapatero para la tarde del 12 de julio. Mientras nos preparábamos para la reunión, les pedí a Bob y a Virginia Ghent que me acompañaran; Ghent era nuestra traductora oficial de la embajada y solía asistir a estas reuniones para facilitar la conversación. Dado mi dominio de ambos idiomas, invité a Virginia a asistir como anotadora, no como traductora.

La visita tuvo lugar en el palacio presidencial de La Moncloa, el gran campus del poder ejecutivo español, situado a las afueras de Madrid, donde reside y trabaja el presidente. Técnicamente, el jefe de Gobierno español es el primer ministro, así como el presidente del partido político en el poder, el Partido Socialista Obrero Español (PSOE). La usanza prescribe que se le llame presidente, no primer ministro. En España y en muchos otros países, las personas reciben dos apellidos al nacer: el paterno y el materno. Normalmente, se utiliza el primer apellido o ambos al dirigirse entre sí. En ocasiones, por motivos personales, se opta por utilizar el segundo apellido, omitiendo el primero. Por lo tanto, el presidente Zapatero prefiere que se le llame por su apellido materno, no como presidente Rodríguez.

Dada la aspereza entre los presidentes Bush y Zapatero, tenía incertidumbre de que ambiente encontraría nuestra visita. ¿Sería mi recibimiento frío o cálido? ¿Sería la reunión tensa o relajada? En verdad, no hubo razón para preocuparme. Los españoles son universalmente conocidos por su hospitalidad y buenos modales, y además el presidente Zapatero quería dar un paso adelante en la renovación de la relación de España con Estados Unidos.

Al entrar Bob, Ginny y yo en la amplia oficina del presidente Zapatero, vimos que lo acompañaba su asesor de Seguridad Nacional, el embajador Carles Casajuana, veterano diplomático español. Ambos nos recibieron con amplias sonrisas. Tras estrecharnos la mano, le obsequié al presidente un hermoso libro ilustrado con paisajes de los Parques Nacionales de Estados Unidos, con mi firma bajo la siguiente inscripción manuscrita:

> Excmo. Sr. Presidente Rodríguez Zapatero,
>
> Le extiendo mi mano con respeto y buena voluntad.
>
> Espero que vea en este libro un índice de mi sincera "impresión" de amistad y de mis deseos que nuestra relación redunde en el beneficio mutuo de nuestros respectivos países.
>
> Eduardo Aguirre
>
> Embajador de EE.UU. ante España
>
> 12 de julio de 2005

En mis comentarios iniciales, dije una mentira piadosa, cortésmente incluyendo en mi saludo, que el presidente Bush le había enviado cordiales saludos. El presidente Zapatero me habló en español, lamentando su inhabilidad de poder hablar inglés. Amigablemente, respondí: "Aquí todos entendemos español… Hablemos en español para que podamos entendernos mejor". Un camarero sirvió café y entablamos una cordial conversación.

Todos los presentes percibíamos la presencia de una imaginaria nube oscura dando una mala sombra a nuestra reunión. Teníamos claro que nuestras relaciones habían sido seriamente dañadas por la abrupta retirada de 1.300 tropas españolas de Irak a finales de abril del 2004; y que ese deterioro, empeoró con las subsecuentes declaraciones por el presidente Zapatero, en Túnez el 9 de septiembre, exhortando a otros países de la coalición a seguir el ejemplo de España y salirse de Irak.

Lloviendo sobre mojado, había el antecedente de que el 12 de octubre del 2003, meses antes de ser elegido presidente, el entonces candidato presidencial se mantuvo sentado cuando la bandera estadounidense paso frente a sus gradas durante el desfile militar. En una entrevista dijo que su acción había sido una protesta por la participación de España en la guerra de Irak. Más allá, él y otros políticos del PSOE no cesaban de manifestar críticas públicas al presidente Bush, y su manejo de la guerra en Irak.

Incidentalmente, en un momento durante nuestra visita, el presidente hizo un aparte, mencionando que el desaire de la bandera no había sido intencional. Que ocurrió inadvertidamente porque él estaba distraído en ese momento y no la había visto pasar. Hay un refrán español que dice: "a enemigo que huye... puente de plata". Haciendo uso de esa sabiduría, yo decidí aceptar esa semi-disculpa sin profundizar más.

El presidente Zapatero inició formalmente la reunión dándome la bienvenida a España y manifestando su deseo de que las relaciones entre ambos países fueran buenas. Ya había sido informado por el ministro de Asuntos Exteriores, Moratinos, sobre nuestra reunión anterior y me dijo que conocía las prioridades de mi misión en España. A continuación, afirmó que para él era importante mantener buenas relaciones con Estados Unidos y que su gobierno estaba dispuesto a colaborar conmigo y con mi equipo para abordar dichas prioridades. Le pedí su indulgencia, permitiéndome reiterar la lista de prioridades para asegurarme que, de ahora en adelante, todos estuviéramos en la misma sintonía. Añadí que, para que estas prioridades prosperaran y las relaciones mejoraran, era ineludible que se tomaran dos adicionales pasos fundamentales:

1. No más ataques públicos suyos, o de su gobierno, contra el presidente Bush, ni críticas a la guerra en Irak.

2. Una señal clara de su parte que me permitiera visitar directamente a sus ministros y líderes políticos regionales, para facilitar la reparación de las relaciones y establecer líneas de comunicación fluidas de gobierno a gobierno.

Miró de reojo al embajador Casajuana, quien asintió casi imperceptiblemente, y aceptó ambas condiciones, afirmando: "Quiero mejorar las relaciones con Estados Unidos".

Respondí que me complacía enormemente encontrarlo tan cortés y añadí: "Señor presidente, me siento como un conductor de coche, con el presidente Bush como pasajero en el asiento trasero. Nuestro coche se encuentra detenido a un lado de la carretera, por razón de recién haber pasado por un accidentado tramo. Sin embargo, al ver el buen camino que tenemos por delante, mi pasajero me indica que acelere y avance rápidamente. Obedeciendo, al pisar el acelerador, me concentraré en conducir por el pavimentado nuevo camino que tengo por delante. Pero, como buen conductor, también mantengo mi vista atenta al retrovisor, recordando las recientes dificultades. Le ruego que tenga en cuenta que, si percibo encontrarnos regresando al accidentado y difícil antiguo camino que recientemente recorrimos, detendré el coche de inmediato".

El presidente Zapatero me sonrió y dijo: "Entendido. Puede acelerar".

Al despedirnos, el embajador Casajuana nos acompañó hasta la puerta principal y la entrada circular donde esperaba nuestro coche. Durante el breve paseo, nos preguntó con estudiada naturalidad sobre las perspectivas de que ambos presidentes se reunieran en el futuro.

Al recordar los sentimientos inequívocos del presidente Bush hacia el presidente Zapatero, me reí y dije evasivamente: "¡Quién sabe! ¡Todo a su tiempo!".

Él también se rio y me ofreció una invitación para mantener una comunicación directa. Acepté con gusto e intercambiamos nuestros números de celular.

En el viaje de regreso, Bob y yo hicimos una evaluación muy positiva de la reunión, que había durado unos treinta minutos, y opinamos que percibimos sentimientos aún más favorables de lo que habíamos anticipado.

30. El Palacio Real y la Zarzuela

Cabe destacar para los que no conocen, que el Palacio Real y el Palacio de la Zarzuela son totalmente diferentes, no solo por la distancia geográfica y estilos arquitectónicos, sino también por sus funciones. El Palacio Real, situado en el centro de Madrid, está catalogado como la residencia oficial del rey de España, pero en realidad es un palacio mayormente ceremonial. La residencia oficial, el Palacio de la Zarzuela, se encuentra a las afueras de Madrid, en el Monte del Pardo. Situado cerca del extenso recinto de la Zarzuela se encuentra el Palacio de El Pardo, donde vivió y trabajó el generalísimo Francisco Franco; actualmente, es donde España usualmente recibe a los jefes de Estado. El Palacio Real, en el centro de Madrid, se utiliza actualmente solo para ceremonias de Estado. El magnífico palacio cuenta con 135.000 metros cuadrados y 3.418 habitaciones. Es el palacio real más grande de Europa. En contraste, la Casa Blanca tiene 5.100 metros cuadrados y 132 habitaciones.

El Palacio de la Zarzuela se construyó originalmente por Felipe IV en el siglo XVII como pabellón de caza real; y, a lo largo de los siglos, ha recibido numerosas transformaciones. Durante mi período como embajador, sirvió como residencia, despacho y oficinas de trabajo del rey Juan Carlos I y la reina Sofía. El palacio se encuentra en la cima de una finca de cien hectáreas, donde deambulan majestuosos ciervos, gamos y otros animales de impresionante belleza; sin ser amenazados, pastan y descansan tranquilamente en los arbolados y cuidados jardines. Cerca de la Zarzuela, dentro de los amplios terrenos, se encuentra el Pabellón del Príncipe, un palacio relativamente más pequeño que en aquel entonces albergaba al entonces heredero al trono, Felipe, príncipe de Asturias, a su esposa, la princesa Letizia, y a sus hijas las infantas Leonor y Sofía.

31. Sus Majestades, el rey Juan Carlos I y la reina Sofía

Un par de días después de reunirme con el presidente Zapatero, estaba trabajando hasta altas horas de la noche en mi escritorio en la residencia cuando recibí una inesperada llamada de Alberto Aza Arias, jefe de la Casa Real. Me informó que el rey Juan Carlos I quería invitarme a visitarlo en su estudio privado en el Palacio de la Zarzuela la semana siguiente, el 19 de julio. Pregunté si había algún tema específico en la agenda, y Aza respondió que solo sería una reunión informal.

Añadió: "La reunión es solo para usted y Su Majestad. Por favor, venga solo". Eso me pareció diplomáticamente extraño, ya que el subjefe de misión suele ser invitado a este tipo de reuniones.

Sin estar preparado para ese comentario, murmuré: "¿Entonces quiere verme mano a mano?".

A Aza le pareció divertirle la terminología taurina y respondió afirmativamente.

Dije: "Por favor, agradezca la invitación a Su Majestad. Cuente con mi presencia".

Visitar al rey Juan Carlos I en la Zarzuela requería un protocolo propio. Llegando con treinta minutos de antelación, justo antes del anochecer, no vi ninguna señalización en el portón de acceso, lo que daba al lugar cierto anonimato a cualquier desinformado transeúnte. Nuestro equipo de seguridad sabía que debía quedarse atrás y entró en una pequeña caseta junto a la puerta donde esperó a mi regreso. Tras verificar nuestras credenciales e inspeccionar el maletero y el exterior de nuestro vehículo, el equipo de seguridad del rey dio instrucciones a mi chófer, Cristóbal, para que siguiera al coche guía, y así avanzamos sin prisa por una carretera ondulada de dos carriles.

Condujimos a través de los impresionantes y hermosos jardines, visibles a la tenue luz del atardecer, hacia el Palacio de la Zarzuela, que se alzaba en la cima de la colina. Llegamos a una entrada circular y, en cuanto nuestro coche se detuvo, un guardia de seguridad cortésmente me abrió la puerta y me dio la bienvenida. A continuación, un oficial militar uniformado me acompañó por varios pasillos antes de ser recibido cordialmente por Su Majestad. Hablamos en inglés y me recibió cálidamente, como si nos conociéramos desde hacía mucho tiempo, haciéndome sentir relajado y muy a gusto.

Me invitó a pasar a un estudio de tamaño mediano, bien equipado, con estanterías y recuerdos personales. Un aroma característico, agradable a mi nariz, indicaba que su ocupante solía fumar puros entre esas paredes. Lo vi como la versión real de un recinto masculino, confortable, y práctico. Antes de sentarme a la visita, como había hecho con el presidente Zapatero, le obsequié al rey otro elegante libro de mesa lleno de hermosas fotografías de paisajes de Parques Nacionales de Estados Unidos. Había escrito a mano la siguiente dedicatoria y la había firmado:

> Para el rey Juan Carlos I:
>
> Majestad,
>
> Le extiendo mi mano con respeto y buena voluntad.
>
> Espero que vea en este libro un índice de mi sincera amistad y de mis deseos que nuestra relación redunde en el beneficio mutuo de nuestros respectivos países.
>
> Eduardo Aguirre
>
> Embajador de EE.UU. ante España
>
> 19 de julio de 2005

Se tomó el tiempo de leer la inscripción y agradeció mi gesto. Empecé a hablar en español, pero él cambió a un inglés perfecto, diciéndome que necesitaba practicarlo. Más tarde, supe que la familia real solía conversar en inglés en sus momentos privados. Como antes, el rey habló de su gran aprecio por la familia Bush. Quería saber sobre mi origen cubanoamericano y mi historia personal, así que hablamos brevemente de ello, esta vez sin que yo corriera el riesgo de emocionarme.

Descubrimos que la caza de aves era una mutua afición, así que le comenté mi aprecio por una buena caza de codornices. Luego me sugirió que probablemente disfrutaría mucho de la experiencia de cazar las perdices en ojeos, verlas volar veloces, y sentir el reto de lo difícil que son de cazar. Me dijo que, si bien él disfrutaba de jugar al golf, sus dolores de espalda le dificultaban el manejo correcto de los palos de juego.

Sus ojos se iluminaron cuando me dijo que su verdadera pasión era la vela y la navegación; amaba el mar y el desafío de la vela de competición y las regatas, así como la emoción de las lanchas veloces. Tengo la sensación de que inyectó esos relatos personales para que me sintiera relajado en su presencia, antes de abordar temas más delicados.

La conversación prosiguió con un breve repaso de la difícil relación política entre nuestros países. El rey compartió sus reflexiones personales sobre el presidente Aznar y el presidente Zapatero, a quienes dijo apreciar y respetar. Manifestó su comprensión de nuestra decepción por la retirada española de Irak, sin llegar a reprochar las acciones de Zapatero. Expresó su aprobación de mi estrategia de centrarme en los intereses comunes de nuestros respectivos países y dejar para su tratamiento por separado aquellos asuntos en los que nuestras opiniones o intereses divergían. Proyectó sentimientos positivos y admiración por Estados Unidos; sin embargo, me dejó claro que su actitud amistosa hacia Estados Unidos nunca eclipsaría su deber y amor por España.

Recordando las prioridades que le había mencionado unos días antes durante nuestra reunión tras la presentación de credenciales, quiso profundizar en dos temas difíciles: Cuba y Venezuela. A instancias suyas, me alegró profundizar nuestra postura al respecto.

Expresé con total claridad que la dictadura comunista cubana bajo Fidel Castro fue un experimento social y político fallido que sometía a la población cubana a una extrema penuria económica, una dura represión política, y a constantes abusos de los derechos humanos. La objeción de Cuba al embargo comercial era una infundada excusa para justificar los fracasos económicos del régimen. Como era evidente, Cuba podría comerciar con muchos otros países si tan solo tuviera los recursos financieros para cumplir con el pago de esas compras. Dije algunas cosas más y el rey no discutió conmigo, simplemente escuchó atentamente.

Terminé diciendo que para mí era evidente que España y Estados Unidos compartían sentimientos positivos hacia Cuba, que ambos queríamos Cuba para los cubanos, salvo que hasta el momento habíamos diferido en nuestras tácticas y métodos para lograr objetivos similares. Quizás en el futuro podríamos presentar un frente común. Él tuvo la última palabra al respecto, afirmando que comprendía nuestra postura, pero que yo debía tener en cuenta que España siempre había tenido un lugar especial en su corazón para Cuba y los cubanos, y que España prefería el diálogo cooperativo a las sanciones económicas.

En cuanto a Venezuela, reiteré nuestra patente objeción al reciente acuerdo español para vender al gobierno de Hugo Chávez doce aviones de transporte militar EADS-CASA (diez aviones de transporte ligero C-295 y dos aviones de patrulla marítima CN-235MPA), además de ocho buques de guerra, incluyendo lanchas y fragatas de la guardia costera. El rey reiteró el argumento, frecuentemente utilizado por el gobierno español, de que aquella venta de dos mil millones de euros no tenía fines militares; más bien, las aeronaves serían estrictamente para transporte y no para combate, y que las fragatas, sin armamento, solo serían para usos pacíficos de la guardia costera venezolana. En resumen, argumentó que se utilizarían colectivamente para el patrullaje pacífico por mar y aire de sus costas y fronteras terrestres.

Luego hizo hincapié en los numerosos empleos bien remunerados en el sector manufacturero que implicaba la venta y el consiguiente beneficio multiplicador para la economía española. Respondí que lamentaba que Estados Unidos estuviera en desacuerdo con España en este asunto. Recalqué que nuestro problema era con Venezuela, no con España. Comentábamos conjuntamente que denegar nuestro permiso para la venta del avión sería un factor decisivo para la mitad de la transacción. Ambos sabíamos que la aviónica, esencial para la aeronavegabilidad del avión EADS-CASA, con tecnología controlada por Estados Unidos para la exportación, requería nuestra conformidad. Expresé mi pesimismo sobre la posibilidad de que concediéramos dicha licencia de exportación.

Mirándolo con fingida incredulidad, le pregunté: "¿De verdad usted cree que Hugo Chávez nunca usaría esos barcos o aviones contra sus vecinos, o para reprimir el creciente descontento entre la población venezolana, o para facilitar el flujo de narcóticos enviados desde Colombia a través de Venezuela?".

El rey, sin parecer muy convincente, afirmó que, en efecto, así lo creía. Tras una pausa larga, dije: "Bueno, en este tema simplemente tenemos que estar de acuerdo en estar en desacuerdo", y añadí que el gobierno español debería considerar rescindir la venta. El rey endureció su cara y respondió con firmeza: "Eso no es probable que suceda".

Al darme cuenta de que nuestra reunión terminaría pronto y no queriendo terminar nuestra visita con un sabor amargo, cambié de tema y le pregunté si había disfrutado de su visita al rancho del presidente Bush en Crawford, Texas, el pasado noviembre. Rio ampliamente con buen humor al recordar la visita y me pidió que le enviara sus más cálidos saludos a "43" y "41". Luego, me agradeció la visita y se levantó para darla por terminada.

Mientras el oficial militar me acompañaba a mi coche, miré mi reloj y noté que nuestra reunión, y nuestra conversación tan sustanciosa, había durado casi una hora. Ya había anochecido, lo que hacía que el regreso por los oscuros terrenos contrastara marcadamente con el viaje de ida. Los faros de nuestro coche iluminaban de forma inquietante los ojos de la fauna que nos observaba al pasar junto a ellos.

Cuando llegué a mi residencia, Bob me esperaba. Le informé sobre mi visita en privado mientras bebíamos un cóctel y redactamos el cable clasificado que se enviaría temprano por la mañana al Departamento de Estado, con copia al Consejo de Seguridad Nacional, y al Departamento de Defensa.

Días después, la reina Sofía nos invitó a Tere y mi a una visita de cortesía en su despacho en el Palacio de la Zarzuela. Nos habían informado que esta sería una visita breve y protocolaria, donde no se esperaba abordar asuntos oficiales o gubernamentales. La reina nos recibió en una cómoda salita con calidez y genuina amistad. Tere le obsequió un libro de paisajes americanos con la siguiente inscripción:

Majestad:

Le saludo con mi mayor respeto y admiración.

Espero que encuentre en este libro de pinturas de paisajes de EE.UU. un reflejo de la belleza del pueblo americano que tanto admira a España y su querida Familia Real.

María Teresa Aguirre

Doña Sofía comenzó la conversación interesándose por nuestros hijos, por nuestro bienestar, y por nuestra corta estadía en España. Quería saber si nos sentíamos a gusto en nuestro nuevo hogar español, y le aseguramos que todos los que hemos conocido nos habían mostrado un cálido acogimiento.

También me pregunto por la familia Bush, el presidente Bush, su esposa Laura, Bush padre y Barbara, a quienes había visto en la finca tejana el pasado noviembre. Yo le aseguré que todos estaban bien, y que me habían encomendado darle afectuosos saludos de su parte.

A su petición compartí lo positivo que me sentía después de haber visitado a su esposo el rey Juan Carlos I, al presidente Zapatero, y al ministro Moratinos. Le comuniqué mi optimismo por los buenos prospectos de las futuras relaciones entre nuestros dos países.

El resto de nuestra visita no duro mucho más tiempo. Después de pasar una media hora con la reina, nos despedimos de ella con el pronóstico de que nuestros futuros encuentros fomentarían una genuina amistad entre nosotros.

32. Sus Altezas Reales, los príncipes de Asturias

Transcendiendo las excelentes relaciones que Tere y yo tuvimos con los reyes Juan Carlos I y Sofía, nos deleitó también poder establecer amistosas relaciones con los futuros reyes de España, los príncipes de Asturias, Felipe y Letizia. Después de conocerlos brevemente en un festejo público, fuimos invitados a comer a su residencia oficial en Pabellón del Príncipe en la Zarzuela. Más tarde nosotros reciprocamos con una relajada comida con platos típicos tejanos en nuestra residencia. A lo largo de nuestra estancia compartimos mesa y mantel en múltiples ocasiones. Con el príncipe, casi siempre hablamos en inglés. Ambos fueron sumamente amables con nosotros; con el tiempo, forjamos una incipiente amistad.

Imagen 11. Eduardo y Tere Aguirre con el príncipe heredero de España Felipe y la princesa Letizia en la Residencia del Embajador en Madrid (2008).

33. Conociendo a los ministros clave del Gabinete Presidencial

Una semana antes de reunirme con el presidente Zapatero, el ministro de Defensa, José "Pepe" Bono, me invitó a visitarlo el 6 de julio, no a su despacho en el Ministerio de Defensa, sino al magnífico Palacio de Buenavista, cuartel general del Ejército español, situado sobre la Plaza de Cibeles. El ministro Bono había sido el artífice de la reprensible venta de aviones y fragatas militares a Venezuela, y había ejecutado la orden de retirada de Irak del presidente Zapatero, dos cosas que no le granjearon mi simpatía. Me esperaba de pie junto a la escalera de entrada, con una amplia y amable sonrisa cuando bajé del coche. Irradiaba bonhomía al vigorosamente estrecharme la mano, dándome la bienvenida. Me dirigí a él como ministro Bono, pero me corrigió rápidamente: "Llámame Pepe". Me condujo por una escalera ornamentada, flanqueada por soldados engalanados con diversos uniformes de pasadas épocas militares. Nos detuvimos frente a un soldado, y el ministro señaló con orgullo que su colorido uniforme era una réplica del que usaban las unidades militares españolas cuando unieron fuerzas con las estadounidenses durante nuestra Guerra de Independencia. Conectando los puntos y dejando claro su punto de vista, me aseguró de sus intenciones de forjar las mejores relaciones militares entre nuestros dos países, como fue en el 1776.

A continuación, me presentó al jefe del Ejército y a otros altos mandos militares, y nos invitó a Bob y a mí a un almuerzo de trabajo. La conversación estuvo dominada por Pepe, quien destacó la cooperación de España con nuestras fuerzas armadas en sus bases militares de Rota y Morón, en el sur del país, su presencia en Afganistán, y en otros lugares. Rápidamente restó importancia a la retirada iraquí, considerándola un pequeño problema en nuestras amplias relaciones.

Como era nuestra primera reunión, decidí argumentar con él sobre puntos bien consabidos. Agradecí a España su cooperación pasada y presente, lamenté su decisión de retirarse de Irak tan abruptamente, y expresé mi convicción de que nuestras futuras relaciones sin duda se fortalecerían. Señalé que nuestra objeción a la venta a Venezuela no era una crítica a España, sino a Venezuela. A su vez, protestó nuestra malinterpretación de la naturaleza de la transacción. Expresó su interés en visitar en un futuro cercano al secretario Donald Rumsfeld en sus oficinas del Pentágono. Por mi parte, teniendo presente los duros y acalorados intercambios que habían ocurrido entre ambos cuando la retirada de las tropas de Irak, solo le prometí compartir sus comentarios con el Pentágono.

Al finalizar la reunión, nuestra conversación distendida se centró en la tradición española de escapar del calor del verano convirtiendo agosto en un mes de vacaciones, con mucha gente pasando el tiempo en las playas. Bromeé diciendo: "Si un enemigo alguna vez quisiera atacar España, el mejor momento sería en agosto, justo cuando todo el país está completamente distraído".

Rápido como un látigo, replicó: "Sí, ¡pero solo si no desembarcan en nuestras playas! La densa multitud de turistas españoles imposibilitaría el avance del enemigo hacia el interior".

Con ese intercambio humorista compartimos una buena risa y nos despedimos.

De vuelta en la embajada y reflexionando sobre nuestra reunión, me quedó la impresión de que el ministro Bono era un astuto operador político, digno de tanto respeto como de cautela. Conocía los rumores de que los venezolanos habían pagado de más por el equipo militar, lo que me hizo preguntarme si Pepe Bono u otros de alguna forma se beneficiarían de la transacción. También sabía que era rival político del presidente Zapatero, quien probablemente seguía la máxima de El Padrino de mantener a los amigos cerca y a los enemigos aún más cerca. El tiempo me informaría mejor.

La oportunidad de reunirnos con ministros importantes se cerraría en cuanto comenzara el éxodo de agosto. Con esto en mente, contactamos al ministro del Interior, José Antonio Alonso, quien accedió a reunirse con nosotros en su ministerio, colindante a la Plaza de Colón. A diferencia de Estados Unidos, donde el secretario del Interior gestiona tierras públicas y minerales, parques nacionales y refugios de vida silvestre, y asume las responsabilidades del fideicomiso federal con las tribus indígenas y los nativos de Alaska, el ministro del Interior español es responsable de la seguridad interna del país, la protección de los derechos constitucionales, el mando de las fuerzas del orden, la seguridad nacional, los asuntos de inmigración, las prisiones, la protección civil y la seguridad vial.

Aunque no existen comparaciones válidas, consideré el ministerio de Alonso como una combinación entre nuestros Departamentos de Justicia y el de Seguridad Nacional. Entendí que era allegado a Zapatero y que había sido designado para dirigir este ministerio en la lucha contra el terrorismo, pero sin comprometer los derechos humanos. Antes de unirse al Gabinete de Zapatero, había sido jurista penal y profesor universitario de derecho.

Bob Manzanares y nuestro agregado de seguridad legal, el agente especial del FBI Marc Varri, me acompañaron en la visita al Ministerio del Interior. A diferencia del efusivo ministro Bono, el ministro Alonso se mostró apropiadamente cortés, comedido, y algo reservado. Nuestra reunión fue cordial, pero no excesivamente cordial. Con asuntos pendientes tan importantes como el terrorismo, la interdicción de drogas y muchos otros asuntos de seguridad en mi agenda, era importante para mí establecer una buena relación con él.

Al iniciarse nuestra reunión, el ministro Alonso indicó ser plenamente consciente de la sólida cooperación entre nuestras naciones en materia de seguridad nacional y su satisfacción de compartir inteligencia conjunta. Se comprometió a mantener una sólida colaboración con Estados Unidos.

Por válidas razones de seguridad, no me es posible relatar ningún detalle de nuestra conversación. Sin embargo, puedo afirmar con confianza que nuestra preocupación mutua y nuestra firme postura contra los extremistas musulmanes, los separatistas vascos de ETA y el narcotráfico organizado ocuparon buena parte de nuestra agenda. Al finalizar nuestra reunión, sentí que habíamos establecido un nivel razonable de mutuo respeto y una mínima amistad. Los cuarenta y cinco minutos de nuestra visita me dieron oportunidad para apreciar a José Antonio y su serena personalidad. Me propuse conocerlo mejor, en un ambiente menos formal, durante los próximos meses.

Mientras recorríamos la corta distancia entre el Ministerio del Interior y la embajada, reflexioné sobre el contraste entre Bono y Alonso. Un año después, el presidente Zapatero, en sustitución del ministro Bono, trasladó al ministro Alonso del Ministerio del Interior al de Defensa.

Finalmente, llegando a la embajada, recordé que el receso de agosto comenzaba en solo unos días. Esperaba que el tiempo de inactividad me diera la oportunidad de tomarme un respiro y familiarizarme mejor con el funcionamiento interno de la embajada.

34. Encuentro con la oposición política

El 15 de julio de 2005, tres días después de mi reunión con el presidente Zapatero, visité la sede del Partido Popular (PP), el principal partido de centroderecha de la oposición. Estaba allí con el propósito de visitar al presidente del PP, Mariano Rajoy Brey, quien había perdido las anteriores elecciones frente al presidente Zapatero. Tras las elecciones, el Sr. Rajoy continuó siendo el principal adversario político del presidente Zapatero. Las posturas políticas de Rajoy y del expresidente José María Aznar coincidían razonablemente con las del presidente Bush y del Partido Republicano en EE.UU. Aun así, yo estaba decidido de que las simpatías políticas no obstaculizaran mi misión de reconstruir nuestra relación con el presidente Zapatero y su gobierno.

Mi visita al presidente Rajoy fue para demostrarle nuestro respeto a él y al PP, y para establecer una comunicación fluida con él y su equipo. El Sr. Rajoy me recibió cordialmente. Posamos para las fotografías de los medios. Nos reunimos en el ambiente agradable y relajado de su despacho, impregnado de un fuerte olor a humo de puros habanos. Mientras manteníamos las habituales conversaciones informales, percibí que su personalidad era algo severa y distante, algo que no esperaba en un político acostumbrado a ser simpático con los votantes. Como cortesía, compartí con él los momentos más destacados de mi reciente reunión con el presidente Zapatero, subrayando que el presidente Bush me había encomendado la tarea de normalizar las relaciones con España, y con el gobierno de Zapatero. Para finalizar mis comentarios iniciales, le manifesté mi firme deseo de establecer una comunicación fluida con él, y con su equipo.

El Sr. Rajoy me sorprendió al manifestar su intención de apalancarse conmigo y mi embajada para ganar terreno político frente al presidente Zapatero y su gobierno. Contrariado, le expliqué que consideraba inapropiada esa táctica, y un verdadero impedimento para mi misión de forjar una buena relación con el gobierno español.

Respondí: "Señor presidente, comprendo plenamente su papel como líder de la oposición y su necesidad de desafiar a su adversario, el presidente Zapatero. Sin embargo, como seguramente comprenderá, Estados Unidos no puede interferir, ni lo hará, en los asuntos internos de España. Ni yo ni mi embajada podemos formar parte de su estrategia política, ni podemos expresar ningún apoyo público a su estrategia para una campaña electoral".

Al parecer sin haberme escuchado, sin desanimarse, Rajoy siguió expresando su intención de incluir a Estados Unidos en sus futuros mensajes políticos.

Para asegurarme de que me entendiera con claridad, le dije: "Tras solo unos días en España, me he dado cuenta de que la política española es un deporte de sangre. Los adversarios se atacan mutuamente con gran violencia". Luego, refiriéndome al deporte vasco cesta punta o jai alai, donde una pelota durísima se desplaza a velocidades peligrosas de 290 km/h dentro de un frontón de tres paredes, dije: "Mientras usted y Zapatero juegan lanzando la pelota dura dentro del frontón, yo observaré atenta y calladamente, pero siempre desde fuera de la malla".

Quizás todavía sin querer aceptar mi firme punto de vista, el señor Rajoy insistió de nuevo en su interés de utilizar a Estados Unidos en su estrategia política.

Lo miré a directamente a los ojos y le dije: "Señor presidente, si persiste en esa estrategia, me dolerá mucho tener que distanciarme públicamente de tales pronunciamientos y dejarle al descubierto. Espero sinceramente no verme nunca en esa penosa situación. Pero le aseguro que, de ser necesario, así lo haré".

Súbitamente, su rostro se agrió y, tras una breve charla inconsecuente, nuestro encuentro terminó de forma mucho menos calurosa y amistosa que como comenzó. Lamentablemente, nuestra relación nunca se recuperó apreciablemente.

Tras esa reunión, la mayoría de mis demás contactos con el presidente Rajoy se produjeron en actos públicos, donde nos estrechamos la mano cortésmente y charlamos brevemente de temas intrascendentes. Al parecer, siguiendo sus instrucciones, aquellos en la cúpula del PP me esquivarían como persona non grata. Las comunicaciones posteriores entre el PP y nuestra embajada las mantuvieron sus subordinados con mi subjefe de misión y otros miembros de mi equipo. Aún hoy en día, me sorprende que un líder político, en un cargo tan elevado, pudiera ser tan obtuso como para no comprender los firmes parámetros de mi misión.

35. Un jefe de Misión muy ocupado

Como jefe de misión comprometido con estar apropiadamente envuelto en todas las actividades importantes de la embajada, pronto me involucré plenamente en numerosos asuntos bilaterales, incluyendo temas de seguridad nacional, como terrorismo, crimen organizado, tráfico de drogas, tráfico de personas, seguridad de contenedores marítimos, lavado de dinero, ciberdelincuencia y extradiciones criminales, entre otros. Tuve que mantenerme al día sobre inteligencia secreta compartida y su análisis, asuntos militares, cooperación en defensa, comercio, intereses económicos, inversión extranjera bilateral, protección de la propiedad intelectual, asuntos agrícolas y ambientales, intereses académicos y culturales, así como la NASA y otras actividades científicas.

Finalmente, en diversas ocasiones, nuestro equipo abordó importantes asuntos multilaterales y regionales pertinentes a nuestra misión, como la Unión Europea, la OTAN, las Naciones Unidas, el derecho del mar, la proliferación nuclear y las políticas hacia el Norte de África, Oriente Medio, Pakistán e India, Rusia, China, Irán y Latinoamérica. Tengo que admitir que la lista es tan larga como impresionante en su variedad y substancia.

No obstante tener las manos ocupadas lidiando con todos estos asuntos, también era sensato que me preocupara por la seguridad de Tere y la mía. Es lógico que los embajadores estadounidenses y sus familias sean un objetivo codiciado para ataques de variadas índoles. Terroristas, criminales, delincuentes, gobiernos adversarios y grupos marginados continuamente están dispuestos a atacar o secuestrar a un embajador estadounidense, excepto que son obstaculizados por la implementación de fuertes medidas preventivas. Es claro que continuamente corremos un alto riesgo, siendo la responsabilidad del país anfitrión de mantenernos a salvo a nosotros, a nuestras familias, embajadas y residencias.

En España, el exterior del perímetro de nuestra embajada y la residencia del embajador está bajo la protección de la Guardia Civil y la Policía Nacional, unidades altamente profesionales del gobierno español, ambas encargadas del cumplimiento de la ley. Dentro del perímetro y dentro de los muros de la embajada, dependemos de un destacamento especialmente entrenados de la Infantería de Marina de los EE.UU.; más allá, tenemos contratado un cuerpo de seguridad privada para gestionar ciertas otras necesidades de seguridad.

Contamos con un oficial de Seguridad Regional (RSO), cuya función es supervisar todo lo relacionado con seguridad, incluyendo proteger a todo el personal, los documentos e información, y las propiedades físicas de la embajada. Normalmente, el RSO es un profesional altamente preparado dentro de la Sección de Seguridad Diplomática del Departamento de Estado, quien supervisa la coordinación general de todo el personal de seguridad de la embajada y los necesarios protocolos de seguridad.

Por otro lado, más allá de los muros de la embajada o la residencia, yo estaba bajo la protección de la Policía Nacional, otra rama del gobierno altamente profesional. España me asignó un equipo de policías muy capacitados, vestidos de paisano, que utilizaban coches patrulla sin distintivos, equipados con armas, equipos de comunicación y diversos dispositivos electrónicos de protección. Mi equipo de seguridad español era similar, en muchos aspectos, al nivel de seguridad que recibía un ministro del Gabinete del presidente Zapatero.

Es lógico que el personal de seguridad y los conductores de los coches son más eficaces cuando están alerta y descansados. Esto implicaba que los equipos necesitaban suficientes miembros para rotar y relevarse mutuamente para mantener el nivel adecuado de reacción en caso de alguna emergencia. En mi situación, el equipo de la Policía Nacional fue lo suficientemente robusto como para acomodar diversas rotaciones diarias, manteniendo siempre personal fresco a mi alrededor a pesar de mi extensa agenda, que a veces comenzaba antes de las 8:00 h de la mañana y a menudo terminaba bien pasada la medianoche.

La Oficina de Seguridad (RSO) me exigía viajar siempre en un vehículo blindado, así que, en ocasiones, hasta tres conductores de la embajada, especialmente capacitados, se turnaban durante una larga jornada para cubrir mi agenda diaria. Un detalle interesante es que a mi esposa y a mí nos prohibieron definitivamente conducir cualquier vehículo en España o Andorra. Por lo tanto, mi coche personal permaneció permanentemente estacionado, la mayor parte del tiempo que vivimos en Madrid, protegido del polvo por una funda protectora hecha a medida.

Un día, al principio de mi segunda semana en Madrid, pedí al oficial de seguridad que reuniera a todos los miembros de mi equipo de seguridad para una breve charla. Compartí con ellos cuánto Tere y yo agradecíamos su disposición a protegernos, incluso al riesgo de sus personas. También reconocí que algunos embajadores se sentían limitados por la falta de privacidad inherente a dicha seguridad y, que, en ocasiones, intentaban evadirla. Les prometí que Tere y yo no éramos así.

Dije: "Agradezco su disposición para interponerse entre el peligro y yo. A cambio, me comprometo a no hacer tonterías con ustedes. No saldré de la propiedad, ni siquiera los fines de semana, ni por la noche, sin darles tiempo suficiente para que vengan a acompañarme. Cuando esté entre una multitud, me mantendré al tanto de su ubicación en la habitación, estaré listo para seguir su guía, y para evacuar las instalaciones según sus instrucciones". Concluí mi mensaje diciendo: "En resumen, somos un equipo y funcionaremos como tal. Y así, aumentaremos la probabilidad de que todos nos encontremos ilesos al final del día".

Los traté como me hubiera gustado que me trataran en circunstancias similares. Al ver sus rostros, tuve la certeza de que percibieron mis sinceros comentarios con buenos ojos.

36. Diplomacia pública

Me impactó saber que varias encuestas de opinión pública mostraban que la población española en general tenía a Estados Unidos en relativamente baja estima. Un análisis más detallado reveló una mezcla de admiración y desprecio por nuestro país. Las razones eran diversas, siendo la antipatía por nuestro papel en la guerra de Irak la principal preocupación del público español en nuestra contra. En mi opinión, restablecer las buenas relaciones entre nuestros dos países debía ir mucho más allá del gobierno y las altas esferas de la sociedad española. Por eso decidí viajar extensamente por ciudades y pueblos por toda España durante los cuatro años de mi término y colaborar activamente con los líderes y medios de comunicación locales para alcanzar a llegar a amplios sectores de la población, y familiarizarlos mejor con nuestras creencias y valores fundamentales. La coordinación, sumada a una planificación sólida, sería fundamental para lograr este ambicioso objetivo.

En 2005, España tenía una población de aproximadamente cuarenta y cuatro millones de habitantes. El país está dividido en diecisiete comunidades autónomas, que a su vez abarcan cincuenta provincias. El tamaño total de España es aproximadamente el setenta y cinco por ciento del tamaño de mi extenso estado de Texas. Afortunadamente, cuenta con excelentes carreteras, trenes rápidos como balas y eficientes aeropuertos; desplazarse por España resultó ser relativamente fácil.

Al principio, la tarea me parecía abrumadora, sobre todo porque mi función como embajador requería mi presencia en Madrid la mayor parte del tiempo. Mi jefe de Gabinete, Marc Sanderson, y yo comenzamos a investigar cómo lograr este objetivo. Pronto nos dimos cuenta de que el ochenta por ciento del país estaba a cuatro horas en coche de Madrid. Esto también lo hizo práctico para mi protocolo de seguridad, ya que siempre tenía que viajar en un vehículo blindado, manejado por un conductor especialmente capacitado, bajo la protección de mi destacamento de policía española.

Cualquier viaje en tren o avión era logísticamente engorroso; mi vehículo blindado, el conductor especialmente capacitado y el destacamento de seguridad me llevaban al tren o al avión, y luego mi destacamento de seguridad personal tenía que dejar atrás su vehículo para viajar conmigo. Llegando a nuestro destino, otro vehículo blindado de la embajada con su conductor, además de otro coche de policía especialmente equipado, nos esperaban a nuestra llegada. El proceso se invertía al final del viaje.

Viajar en coche simplificaba ese dificultoso intercambio de vehículos y personal, con la ventaja de un considerable ahorro en gastos de viaje. Naturalmente, muchas veces viajar en trenes de alta velocidad (AVE) o en avión resultaba ser la mejor opción, sin embargo, siempre que podíamos nos desplazábamos en coche.

Mi primer viaje fuera de Madrid fue a la icónica ciudad de Santiago de Compostela, declarada Patrimonio de la Humanidad por la UNESCO, ubicada en el extremo noroeste de Galicia, lo cual era mucho más allá de nuestro viaje ideal de cuatro horas. El 25 de julio, España celebra una fiesta nacional en honor a Santiago el Mayor, su santo patrón, con espectaculares fuegos artificiales (Fuego de los Apóstoles), ofrendas religiosas al santo y la inolvidable ceremonia durante la misa mayor, cuando el botafumeiro, un incensario gigante de plata, se pasea por entre los fieles presentes desde lo alto de las vigas de la catedral.

En la fe católica se acepta generalmente que, después de la resurrección de Cristo, el apóstol Santiago viajó al fin del mundo conocido (Finisterre, Galicia) para predicar el Evangelio. Además, aunque la evidencia física irrefutable sea escasa, se cree que sus restos fueron devueltos a Compostela (campo de estrellas) y enterrados dentro de lo que hoy es la magnífica Catedral de Santiago de Compostela, un santuario consagrado en el año 1211, que ancla la ciudad del mismo nombre. El viaje a pie del apóstol, de hace mucho tiempo, es recorrido durante todo el año por los fieles, frecuentemente en busca de milagros, o en agradecimiento a milagros concedidos. Caminan o recorren todo, o parte, de la exigente peregrinación de ochocientos kilómetros que comienza en Francia y termina en la catedral. El viaje se conoce comúnmente como El Camino, que también tiene el reconocimiento de ser Patrimonio Mundial.

Pasamos la noche anterior a la fiesta en Santiago de Compostela, hospedados en el histórico Parador de Santiago, de cinco siglos de antigüedad, situado frente a la plaza de la catedral. Éramos invitados especiales del alcalde de la ciudad y del gobernador de Galicia. En las diversas recepciones a las que asistimos la víspera de la festividad, Tere y yo fuimos tratados con excelente amabilidad y deferencia, y fui entrevistado por varios reporteros de televisión. Al día siguiente, nos dieron un asiento preferente en la catedral durante la elaborada e imponente ceremonia. Fue una experiencia religiosa, cívica, e histórica que nunca olvidaremos. Poco después, regresamos a Madrid para continuar con mis primeras visitas a varios ministros y dignatarios.

Durante mis cuatro años como embajador, con la ayuda de Marc Sanderson y nuestro equipo de apoyo, Tere y yo logramos realizar sustanciales visitas a las diecisiete regiones y a las cincuenta provincias, cumpliendo totalmente con mi ambicioso plan inicial. En esos breves cuatro años, gracias a nuestra perseverancia y el buen apoyo logístico, pudimos ver y apreciar más de España de lo que muchos españoles tienen la oportunidad de hacer en toda su vida.

Visitamos todas las ciudades principales e innumerables pueblos medianos y pequeños, algunos de ellos con un gran valor histórico, pero poco conocidos fuera de su región, como Vic, Trujillo, Albarracín, Boltaña, Jerez de los Caballeros, Peralta, Olite, Iglesuela del Cid, Lorca, Amurrio, Hondarribia, Santillana del Mar, Astorga, Roa del Duero, Cofrentes, Cadaqués, Cudillero, Mérida, y tantos muchos más. Cada visita fue precedida por una notificación de cortesía al más alto funcionario del gobierno (presidente o alcalde), al más alto dignatario religioso (cardenal, obispo, imán o rabino), al presidente de la principal comunidad empresarial local (cámara de comercio u organización empresarial) y a los medios de comunicación locales más influyentes (prensa, radio o televisión), además de toda otra persona que consideráramos de importancia local.

Sin excepción, todos los que contactamos se sintieron halagados por nuestra visita y, con la típica hospitalidad española, estaban deseosos de darnos la bienvenida. Invariablemente, la policía local nos esperaba a las afueras del pueblo y nos escoltaba con luces intermitentes hasta la sede del gobierno, donde me invitaban ceremoniosamente a firmar su libro de honor y dirigirme formalmente al público reunido. En más de una ocasión, la banda municipal nos recibió al pie de las escaleras del ayuntamiento interpretando su mejor versión de nuestros respectivos himnos nacionales. Me acostumbré a escuchar de muchos de los que conocimos que, en la historia de su localidad, ningún embajador estadounidense los había visitado, lo que claramente realzaba la relevancia de nuestra presencia. A cada paso, los medios de comunicación estaban dispuestos a entrevistarme, siempre en español, lo que permitió que mi mensaje de compromiso y amistad se extendiera por toda España.

Cada región española cuenta con coloridas costumbres y tradiciones, hermosa música típica y deliciosa gastronomía. Estas abarcan desde elaboradas y acompasadas venerables procesiones religiosas, hasta veloces encierros de toros por calles estrechas y de ángulos pronunciados; desde campeonatos internacionales de parchís hasta *castells* o torres humanas; desde *estropadak* (competencias de remo en el País Vasco) hasta regatas de vela a nivel mundial, e incluso regatas de la Copa América; desde torneos internacionales de golf y la Rider Cup, hasta emocionantes corridas de toros y partidos de fútbol inigualables; desde los fuegos artificiales en las Fallas de Valencia hasta los memorables pasos, tronos y procesiones de Semana Santa en Sevilla, Málaga y Murcia, desde la Goyesca en Ronda, hasta la Romería del Rocío, y la Feria de Sevilla; ¡y mucho más!

Invariablemente, éramos invitados a degustar la mejor gastronomía y los mejores vinos que nuestros anfitriones nos podían ofrecer, nos proporcionaban la oportunidad de asistir a las alegres fiestas locales, y nos animaban a presenciar, en primera fila, representaciones artísticas regionales, corridas de toros y eventos deportivos. Con el tiempo, llegamos a conocer a fondo la rica y variada cultura española, apreciando con interés todo su esplendor y profunda complejidad. Por siempre estaremos inmensamente agradecidos por la amable acogida recibida en todo el país, y por haber conocido a tanta gente amable y hospitalaria dondequiera que fuimos.

37. Los toros de Pamplona

Menos de un mes después de nuestra llegada a España, un joven americano sufrió un terrible accidente que me puso en estrecho contacto con Pamplona, sus toros, y su encierro.

Las corridas de toros han sido una pasión y entretenimiento en España durante siglos. En Pamplona, durante las fiestas de San Fermín, del 6 al 14 de julio, la corrida de toros a diario provee el elemento central que ancla las múltiples celebraciones tradicionales que giran a su alrededor. Las festividades de cada día son inauguradas por el chupinazo (lanzamiento de un cohete) que comienza "el encierro", marcando el momento en que los toros salen de su encierro en el Corral de Santo Domingo, y corren una corta distancia por las estrechas calles de Pamplona, hasta entrar en la Plaza de Toros. Más tarde, durante la corrida, esos toros, con el torero y su cuadrilla, serán los protagonistas del espectáculo.

Pamplona ha celebrado las fiestas de San Fermín mucho antes de que Ernest Hemingway las idealizara en sus famosos libros *Fiesta* y *Muerte en la tarde*. Pero es evidente que esos libros fueron el caldo de cultivo para hechizar a innumerables hombres de todas las edades, incluyendo muchos estadounidenses, que año tras año se sienten atraídos por la experiencia casi mística y la adrenalina que produce el correr osadamente con los toros durante el encierro. En España, la fascinación es tal, que el evento se televisa en vivo y en directo.

Los corredores visten la vestimenta tradicional de la fiesta: camisa y pantalones blancos, acentuados con faja roja en la cintura y pañuelo rojo al cuello; tradicionalmente, muchos también sostienen enrollado el periódico del día para desviar la atención del toro bravo si se acerca demasiado. Esos corredores valientes (o insensatos) se agolpan dentro de las barreras de las angostas calles para mezclarse con la manada de catorce cabezas de ganado que corren velozmente por las calles de Pamplona hacia la Plaza de Toros. La manada está formada por seis toros bravos de lidia, de naturaleza agresivos, que se lidiarán por la tarde, seis novillos (cabestros) relativamente mansos que corren en manada con los toros, más tres adicionales cabestros que siguen a la manada; este último grupo sirve para animar a cualquier toro extraviado a continuar su ruta. La multitud en el lado sin peligro de las barreras, en diferentes etapas de euforia o embriaguez, anima a corredores y toros a lo largo del camino.

La carrera comienza a las 8:00 h en punto, y suele durar solo dos minutos y medio. En ese breve lapso, cada día un pequeño grupo de corredores sufre percances, desde caídas desagradables en la irregular calle adoquinada, hasta alguna que otra sangrienta cornada por un toro. Los competentes servicios médicos de Pamplona, previendo estas eventualidades, están listos para evacuar y atender a cualquier corredor lesionado.

Una tarde, tres semanas después de nuestra llegada a Madrid, mientras trabajaba en mi oficina, nuestro cónsul general muy angustiado me informó que un estudiante universitario estadounidense había fallecido esa mañana mientras participaba en el festival. Quería hablar conmigo sobre la mejor manera de informar a los familiares de la tragedia. Considerando lo delicado de la situación, decidimos que, como embajador, yo sería el más apropiado para comunicar por teléfono la triste noticia a los padres. Tras investigar un poco, localizamos al inadvertido padre en Estados Unidos. Le informé del terrible accidente. Al principio, se mostró incrédulo y argumentó que estábamos equivocados. Pero tras unos minutos de conversación, accedió de viajar a Pamplona para identificar al joven difunto y gestionar el regreso a Estados Unidos de los restos mortales de su hijo.

Más tarde, conmiserando los tristes sucesos con el cónsul general, escuché de los numerosos incidentes que sufren los jóvenes estadounidenses cada año en Pamplona durante el festival, desde lesiones físicas, hasta el robo de pasaportes, carteras y objetos de valor a manos de delincuentes. Preocupado por la repetición de tales percances, decidí visitar Pamplona para determinar si fuera prudente emitir una Alerta de Viajero para oficialmente disuadir a los ciudadanos estadounidenses de asistir al festival.

Yolanda Barcina, farmacéutica convertida en política, era entonces la inmensamente popular alcaldesa de Pamplona. Ella y su personal municipal recibieron nuestra visita exploratoria con los brazos abiertos y absoluta transparencia. Nos mostraron los meticulosos preparativos que Pamplona implementa cada año para controlar excesivamente entusiastas multitudes, tratar lesiones accidentales de diversa magnitud, y lidiar con los típicos actos delictivos que ocurren en tales eventos. Habiendo vivido muchas ruidosas celebraciones del carnaval (Mardi Gras) en Nueva Orleans, quedé gratamente impresionado por la profesionalidad y la minuciosidad que se practicaban en Pamplona. Mi impresión fue tan favorable que acepté gustoso la invitación de la alcaldesa Barcina para participar al año siguiente en los numerosos eventos relacionados con las fiestas de San Fermín. Además, para servir mejor a los ciudadanos estadounidenses que necesitaban asistencia, recibimos la aprobación de diversas autoridades competentes para establecer una temporal oficina consular en Pamplona durante los nueve días del festival. Mi conclusión fue que Pamplona estaba haciendo todo lo humanamente posible para acoger con seguridad a todos los visitantes, inclusive a quienes estaban decididos a desafiar a la suerte.

En mi último año en la embajada, durante el encierro de Pamplona en 2008, dos hermanos californianos fueron seriamente corneados simultáneamente por el mismo toro, y milagrosamente sobrevivieron. Mientras se recuperaban en el hospital, Tere y yo visitamos a los dos hermanos veinteañeros y notamos que, dejando al lado sus dolores, estaban disfrutando de la fama y notoriedad del momento. Nos relataron con lujo de detalles su extraordinaria experiencia y, curiosamente, añadieron su pesar por haber sido corneados, lo que les impidió terminar el encierro y disfrutar de las fiestas.

38. Principado de Andorra

Como embajador en Andorra, tenía la intención de viajar a Andorra lo más pronto posible y conocer personalmente al Cap d'Govern, Albert Pintat, al ministro de Asuntos Exteriores, Juli Minoves, y a otros importantes interlocutores, y así demostrar tempranamente la seriedad con que tomaba mis responsabilidades hacia Andorra. *La Enciclopedia Británica* resume la historia de Andorra de la siguiente manera: "La independencia de Andorra se atribuye tradicionalmente a Carlomagno, quien recuperó la región de los musulmanes en el año 803, y a su hijo Luis I (el Piadoso), quien otorgó a sus habitantes una carta de libertades. El nieto de Carlomagno, Carlos II, otorgó Andorra a los condes de Urgel, de quienes pasó a los obispos de Urgel. La doble lealtad de Andorra a dos príncipes, uno en España y otro en Francia, se originó a finales del siglo XIII en una disputa de propiedad entre los obispos españoles de Urgel y los herederos franceses del condado de Urgel. Posteriormente, Andorra fue gobernada conjuntamente por representantes del obispo español de Urgel y del jefe de Estado francés, cada uno de los cuales recibía un pago anual de un tributo simbólico. Este sistema feudal de gobierno se mantuvo intacto hasta 1993, cuando se adoptó una constitución que redujo el poder de los copríncipes y estableció poderes ejecutivo, legislativo y judicial separados. Andorra posteriormente se unió a las Naciones Unidas (1993) y al Consejo de Europa (1994)".

En cuanto me acomodé en Madrid, le encargué a Marc Sanderson que organizara un viaje a Andorra para conocernos. Pronto nos dimos cuenta de que llegar allí sería un reto logístico. Andorra es un pequeño país independiente, de 80.000 habitantes, con una reducida extensión territorial. Este pintoresco país está encajado en los Pirineos, colindando con España por un lado y con Francia por el otro. La forma más práctica de visitar Andorra es un viaje en coche de dos horas y media por onduladas carreteras desde Barcelona. En 2005, el tren de alta velocidad (AVE) de Madrid a Barcelona aún no se había inaugurado, así que volamos a Barcelona y luego condujimos por aquellas carreteras hasta Andorra la Vella, la capital y sede del gobierno andorrano. Al llegar al puesto de control fronterizo, nos separamos de nuestra escolta policial española, pasando a la protección de la escolta policial andorrana que nos esperaba. Tere y yo fuimos recibidos por el ministro de Asuntos Exteriores, Juli Minoves, quien fue extremadamente amable y hospitalario. Al día siguiente, tuve una breve reunión con el Cap d'Govern (jefe de Gobierno), Albert Pintat, y con otros funcionarios andorranos. El ministro Minoves nos ofreció un rápido recorrido por la ciudad y nos convidó a una amistosa y relajada comida. En ese momento no había asuntos pendientes entre nuestros países, por lo que la conversación fue de carácter general. Me comprometí a responder eficientemente a cualquier llamada o solicitud de Andorra. Además, me comprometí con el ministro Minoves a regresar a Andorra tres o cuatro veces al año para fortalecer la sólida amistad entre nuestros dos países. Adicionalmente, establecí una excelente relación con el embajador de Andorra en Madrid, Xavier Espot Miró, con quien me encontraba para conversar algunas veces.

En casi todas las visitas a Andorra nos hospedamos en los hoteles de la familia Cierco. Más allá de recibirnos con una excelente hospitalidad hotelera, Higini Cierco i Noguer y su esposa Carmen nos brindaron su amistad. Doquiera que fuéramos, me impresionaba la amabilidad de los andorranos, su alto nivel educativo, su alto nivel de vida, su rica historia y su sólida economía. Amables anfitriones, como Roger Rossell y su esposa Meritxell Moiné, me explicaron el importante papel que desempeñaron los andorranos durante la Segunda Guerra Mundial, al facilitar la evacuación de las tripulaciones aéreas aliadas, cuyos aviones habían sido derribados sobre cielos franceses. Además, quedé fascinado con la belleza del paisaje y la deliciosa gastronomía; en resumen, me enamoré de Andorra y me prometí volver en una futura visita de placer. Tras finalizar nuestros asuntos oficiales, regresamos a Madrid por el mismo camino que habíamos venido, cuesta abajo vía Barcelona.

Como mencioné anteriormente, Andorra tiene dos copríncipes: el obispo de Urgell y el presidente de Francia. El 10 de octubre de 2005, presenté mis cartas credenciales en el Palacio Episcopal de la Seu d'Urgell, España, al copríncipe monseñor Joan-Enric Vives i Sicilia, quien también era el obispo de la archidiócesis de la Seu d'Urgell, España. El 2 de septiembre de 2005, también presenté mis cartas credenciales en el Palacio del Elíseo en París, Francia, al copríncipe Jacques Chirac, quien incidentalmente también era presidente de Francia. Cumplí mi promesa al ministro Minoves y visité Andorra en numerosas ocasiones durante mi época de embajador, haciendo todo lo posible por asistir todos los 8 de septiembre, día de la Fiesta Nacional de Andorra.

No tardamos mucho en forjar fuertes lazos de amistad y confianza entre Juli Minoves y yo. De vez en cuando, de forma amistosa y rápida, resolvíamos pequeños asuntos diplomáticos, principalmente relacionados con situaciones consulares o nuestras respectivas posturas ante las Naciones Unidas. Me honra mencionar que, al finalizar mi mandato, en reconocimiento a cuatro años de colaboración, el gobierno de Andorra me otorgó la prestigiosa condecoración civil de la Orden de Carlomagno, con el grado de Gran Cruz.

39. Conociendo a los líderes españoles

Dado el tiempo limitado de mi asignación en España (no más de cuatro años), necesitaba encontrar maneras de rápidamente conocer e integrarme entre las figuras más influyentes de la sociedad española, en particular entre los ejecutivos corporativos que controlaban el poder empresarial y financiero. Relacionarme con ellos y entablar un saludable nivel de confianza y amistad me daría la oportunidad de a su vez, conocer a España, difundir mis mensajes, y apoyar las inversiones españolas en Estados Unidos, siempre que fuera posible. Por lo tanto, decidí que la vía más rápida y efectiva era intentar participar en sus diversiones y juegos.

Tras un breve análisis, nada científico, determiné que había, por lo menos, cuatro actividades sociales al aire libre que atraían a la alta sociedad española: vela, polo, caza y golf. Si bien no me apetecía ni podía permitirme las dos primeras, las dos últimas estaban en mi onda de sintonía y, lo que es igual de importante, estaban al alcance de mis capacidades financieras. En años anteriores, sin mucho éxito, había probado jugar al golf, e incluso me había traído un juego de palos viejos a Madrid. Ahora podría dedicarme a aprenderlo. Por años disfruté de la caza de codornices, palomas y otros animales en Texas y otros estados de EE.UU., y México; sería divertido probar mi suerte de cazador en España, así que envié a Madrid un par de escopetas junto con mis artículos domésticos.

Fue un placer descubrir que, como embajador estadounidense, tenía acceso a una membresía del Real Club de Puerta de Hierro, con la exención de la cuota de inscripción como una significativa cortesía. Puerta de Hierro era y es quizás el club de campo más prestigioso de Madrid y, sin duda, uno de los más exclusivos de España. Su lista de espera, extremadamente selectiva, se extendía más de una década, y la cuota de inscripción representa una pequeña fortuna. Sin embargo, las cuotas mensuales, aunque no insignificantes, eran asequibles para mi presupuesto personal.

Pedro Morenés Eulate, presidente ejecutivo de Puerta de Hierro, me recibió cordialmente y me presentó el club con sus dos magníficos campos de golf y gran variedad de servicios de club de campo, incluyendo piscinas, canchas de tenis, establos de caballos, campo de polo, restaurantes de alta cocina, y mucho más. Redondeando los beneficios, el club está situado a una razonable corta distancia de mi residencia. Comprendí claramente que este especial privilegio terminaría al finalizar mi mandato como embajador, así que no tardé en cumplir con los requisitos para unirme al club.

Además de jugar golf en Puerta de Hierro, disfruté de la hospitalidad de más de sesenta campos de golf en España. El dueño del afamado Real Club Valderrama, Jaime "Jimmy" Ortiz-Patiño, me extendió su generosa hospitalidad. Aunque el nivel de mi juego siempre fue pésimo, disfruté jugando junto a muchos ejecutivos españoles de renombre, conociéndonos mejor en tan relajados entornos. También, tuve la oportunidad de jugar golf con estrellas del deporte como Sergio García, Greg Norman, y otros. Después de jugar una ronda de golf, nuestro pequeño grupo solía disfrutar de la hospitalidad de la casa club, con los correspondientes refrigerios y deliciosos aperitivos.

Estas experiencias sociales me permitieron forjar amistades maravillosas y aprender sobre las costumbres y prácticas comerciales españolas. Una de estas amistades floreció con Jorge Montes del Pino, entonces presidente de Rolls Royce Power Systems-España. Durante nuestras rondas de golf matutinas en Puerta de Hierro, Jorge me explicaba pacientemente los aspectos menos obvios de la etiqueta empresarial española. Además, su esposa, Lucía Muguruza, compartió con Tere muchas valiosas perspectivas y protocolos de la alta sociedad española. Como era mi cometido, el golf me sirvió para establecer muchas y buenas amistades con personas que de otra forma no hubiera podido conocer en tan corto tiempo.

Sin embargo, la caza fue una actividad más gratificante. España es un paraíso para los cazadores, y la perdiz roja es una de las presas más codiciadas para quienes disfrutan de este deporte. Normalmente, un ojeo de perdices involucra a ocho o diez tiradores, vestidos con corbata y formal atuendo campestre, que llegan sobre las 8:30 h a recintos de caza rústicos y bien equipados para la hospitalidad. Se sirve un abundante y variado desayuno, que se disfruta en medio de una agradable conversación.

Sobre las 9:30 h, el grupo de cazadores parte para un recorrido de cinco a diez minutos por estrechos caminos rurales hasta un lugar predeterminado por el organizador, donde cada cazador se reúne con su preasignado cargador y secretario. El cargador se sienta sobre un banquillo, casi en cuclillas, con cara al cazador, recargando las escopetas superpuestas o de dos cañones con la mayor rapidez y eficiencia posible. El secretario se coloca detrás del cazador con un contador manual, registrando el número de aves abatidas, que luego se sumarán y añadirán a la cuenta del tirador. Después de que el grupo se acomode en sus puestos, suena la corneta que comienza el ojeo, tras lo cual cientos de aves, vuelan huyendo a los batidores locales que caminan en dirección a los tiradores, a un ritmo deliberado. La perdiz roja, similar en tamaño a una codorniz grande, vuela hacia la línea de tiro a tal velocidad y errática trayectoria, que el tirador promedio falla muchos más disparos de los que acierta. Después de una hora, suena otra corneta de caza, y termina el primer ojeo.

El grupo de cazadores es transportado a un claro donde el organizador ha dispuesto mesas con manteles y cómodas sillas de campo. Allí, se celebra una abundante picapica, típicamente muy bien organizada, con camareros bien uniformados atendiendo a los cazadores mientras sirven embutidos, aperitivos y una variedad de bebidas para casi todos los gustos y sabores. La conversación es animada, centrada en la emoción del ojeo recién finalizado. Después de pasar aproximadamente una hora, el grupo es trasladado a una nueva ubicación y el ciclo comienza de nuevo. Al concluir cuatro ciclos, el grupo regresa al recinto de caza para charlar sobre las experiencias del día mientras se disfruta de cócteles, vino y una copiosa comida. Compartir experiencias tan emocionantes a lo largo del día me dio muchas oportunidades para forjar lazos y amistades con la élite de España; la apropiada discreción me impide mencionar nombres.

Antes de asistir a mi primera sesión de tiro, me preocupaba no hacer una buena actuación en entornos tan exclusivos. Así que contacté con mi buen amigo, el restaurador y empresario Arturo Fernández, quien, entre otras cosas, es dueño del Club de Tiro Cantoblanco, un club de tiro a las afueras de Madrid. Arturo tuvo la gentileza de ponerme en contacto con uno de sus excelentes instructores de tiro, quien con paciencia y pericia perfeccionó mis habilidades y me instruyó sobre el protocolo de cómo actuar adecuadamente en las cacerías españolas.

En una ocasión, fui invitado a una de esas cacerías, celebrada en la finca privada de dos hermanos muy conocidos, con la participación de varios directores ejecutivos de empresas españolas, y el rey Juan Carlos I como invitado de honor. El rey llegó con un séquito de media docena de asistentes, entre ellos su médico real, su *aide* de campo militar, y otros asistentes uniformados. Se llevó a cabo la rutina previa a la cacería: desayuno y conversación, salvo que en esta ocasión cada director ejecutivo tuvo la oportunidad de pasar unos minutos en privado con Su Majestad Real.

Cuando nos posicionamos para la cacería, el rey ocupó el puesto de honor en el centro, a mí me tocó estar a su izquierda, y el anfitrión a su derecha. A medida que las perdices se acercaban, en varias ocasiones el rey y yo abatimos simultáneamente la misma ave. En cada ocasión, el rey me reprobó en voz alta, protestando que yo estaba cazando dentro de lo que estimaba ser su territorio. Seguro de mis límites de disparo, ignoré sus quejas y seguí disparando en lo que consideraba mi espacio. Los dos estábamos teniendo un buen día de caza, cada uno cobrando nuestra apropiada cuota de aves. Estoy confiado que fue una experiencia divertida, llena de camaradería y de buen humor entre Su Majestad y yo.

Mientras nos reposicionábamos de ojeo en ojeo, el rey me invitó a acompañarle, sentándome en el asiento trasero de su vehículo, mientras él iba en el delantero. Solo estábamos el conductor, el rey y yo. En un ambiente sumamente íntimo, nuestra conversación fue personal, amistosa y bromista. Al final de la cacería, nos retiramos a la tradicional abundante comida, con el rey presidiendo en el centro de la mesa rectangular. Me asignaron un asiento a su izquierda, y todos los demás se sentaron alrededor de la mesa, según lo había predeterminado el anfitrión.

Durante la comida, todos en la mesa bromeábamos. Yo hice un comentario irreverente y humorístico, lo que provocó que el rey se riera mientras me ripostaba en tono de broma: "Embajador, eres un cabrón". Envuelto en el ambiente de camaradería, rápidamente le contesté: "Majestad, yo siempre aprendiendo de usted". Al oír mi broma, los comensales quedaron en silencio absoluto, con todos en suspenso esperando ver la reacción del rey a mi chiste: ¿le divertiría, o se sentiría ofendido? Pocos segundos después, el rey se echó a reír a carcajadas, y el resto del grupo se unió en coro, riéndose también todos a carcajadas. Todo era en ánimo de diversión, pero me hizo darme cuenta de la necesidad de observar la prudencia cuando este en cercanía de la realeza, incluso en un ambiente de relajada camaradería.

40. Los militares

España cuenta con una extensa y justificadamente orgullosa tradición militar. Un elemento fundamental a la monarquía constitucional de 1978 es que las Fuerzas Armadas españolas operan bajo las órdenes y la dirección del Ministerio de Defensa, el cual a su vez está dentro del poder ejecutivo. En resumen, civiles elegidos o nombrados políticamente controlan las Fuerzas Armadas, un modelo muy similar al formato estadounidense y el de la mayoría de los países del mundo libre.

Más de un general, almirante, y alto oficial militar español me contó en privado su personal descontento cuando el presidente Zapatero ordenó la retirada repentina de las tropas españolas en Irak. Muchas veces he escuchado el relato de los muchos soldados españoles marchando con lágrimas de vergüenza e impotencia corriendo por sus mejillas al abandonar sus posiciones iraquíes. Sin embargo, órdenes son órdenes, y obedecieron como les correspondía.

Más allá de la situación en Irak, el ejército español, importante miembro de la OTAN, tiene la reputación de destacarse con su profesionalidad y valentía en otros escenarios militares, incluyendo en Afganistán. Tras conocer del valor de las tropas españolas dondequiera que hayan estado desplegadas, no tardé en desarrollar un profundo respeto y admiración por cada una de sus ramas de servicio, y en hacer lo posible para cultivar una relación personal con sus respectivos altos mandos.

Durante el apogeo de la Guerra Fría, antes de unirse a la OTAN, España se alió con Estados Unidos y otras potencias occidentales, hospedando a varias Fuerzas Armadas estadounidenses en bases aéreas y navales repartidas por todo el país; aquellas muchas bases se han reducido ahora en solo dos, ambas de suma importancia estratégica y operacional: Rota y Morón de la Frontera. Al principio de mi mandato, visité estas bases, subrayando la activa presencia de Estados Unidos en cada una de ellas. Ambas están situadas relativamente cerca geográficamente la una de la otra, sobre la costa atlántica, al poniente del estrecho de Gibraltar.

Rota es una base naval, y Morón es una base aérea. Su ubicación geográfica las hace logísticamente cruciales para el movimiento de personal y material militar estadounidense en tránsito con la región mediterránea, Oriente Medio y la parte norte de África. Ambas bases cuentan con extraordinarias pistas de aterrizaje con gran versatilidad. Nuestra presencia permanente en cada base se amplía o se reduce según las necesidades del momento y la disponibilidad de España para alojarlas. No obstante, nuestras inversiones permanentes en infraestructura son cruciales. Estas incluyen instalaciones de reabastecimiento de combustible, almacenamiento de municiones, pistas de aterrizaje, muelles, y otras. Todas construidas para poder adaptarse a las posibles fluctuaciones de la actividades navales o aéreas.

Un buen número de empresas estadounidenses son esenciales proveedores de equipos y tecnología punta para estas bases. También han tenido buen éxito suministrando sus sofisticados productos al ejército español. La compatibilidad de equipamientos militares entre España y EE.UU. provee ventajas sinergéticas entre las Fuerzas Armadas aliadas. Nuestra embajada apoyó activamente a las empresas estadounidenses en estas iniciativas, a menudo reforzando la estrategia de ventas demostrando el compromiso del apoyo técnico del gobierno estadounidense para la transacción.

La confianza y el respeto mutuos que se profesan los ejércitos español y estadounidense se demuestran en numerosos ejemplos. Una muestra de ello fue a finales de 2005, cuando la fragata española Álvaro de Bazán fue desplegada como parte del grupo de combate de portaaviones estadounidense en el Golfo Pérsico en apoyo al portaaviones Theodore Roosevelt. Gracias a los sofisticados sistemas de defensa incorporados en el buque español, el Bazán pudo operar en total armonía con los sistemas operativos del grupo de combate estadounidense. Ese despliegue conjunto, marcó el primero de un buque de guerra español como parte de un grupo de combate naval estadounidense.

Reconociendo la importancia de la ocasión, fui invitado a acompañar al jefe de operaciones de la Armada Española (AJEMA), el almirante Sebastián "Chani" Zaragoza. Nuestro avión, usando su gancho de cola, aterrizó en la pista del USS Roosevelt mientras navegaba en alta mar al oeste del estrecho de Gibraltar. Tras una breve bienvenida de protocolo, nos trasladamos en helicóptero del Roosevelt al Bazán para un almuerzo de celebración, para después regresar al Roosevelt, y proseguir de vuelta a la base naval de Rota.

Este no era mi primer vuelo en helicóptero militar, así que no sentía ansiedad al despegar del portaaviones; sin embargo, aterrizar en una fragata, navegando a 25 o 30 nudos, en lo que parecía un minúsculo helipuerto en la popa del barco, me puso los pelos de punta. Afortunadamente, la habilidad del piloto español hizo que la compleja maniobra transcurriera con gran normalidad y sin incidentes. El regreso al portaaviones fue menos estresante, ya que el helicóptero simplemente se elevó unos metros mientras el barco avanzaba, dejándonos libres para maniobrar. La última descarga de adrenalina del viaje fue la experiencia de ser catapultado desde la cubierta del portaaviones al aire: la aeronave fue impulsada por la catapulta de vapor, alcanzando en dos segundos una velocidad de 265 kilómetros por hora, lo que nos dio una fuerte sacudida de 4,5 Gs.

La Sexta Flota de los Estados Unidos, con base en Nápoles, Italia, utilizaba frecuentemente la base naval de Rota y otros puertos de España para sus operaciones rutinarias en el Mediterráneo. Trabajé de cerca con los almirantes que en diferentes años estuvieron al mando de la flota, como los almirantes Ulrich, Winnefeld y Fitzgerald; y con el almirante Stufflebeem, que estaba destacado en Portugal coordinando operaciones navales de la OTAN en la península Ibérica. Colaboramos conjuntamente para el máximo acceso de buques de guerra de la flota a visitar puertos españoles y para optimizar nuestras operaciones navales en aguas españolas.

En ese contexto, a menudo los almirantes me permitieron invitar a civiles y militares españoles a excursiones de un día en las cubiertas de los portaaviones, al final de sus períodos de servicio, transitando del teatro de operaciones del Mediterráneo de regreso a sus respectivas bases estadounidenses. En total, organicé media docena de dichas excursiones a bordo del USS Enterprise, el USS Eisenhower, y el USS Roosevelt.

Fue muy interesante poder visitar en aviones especiales varios magníficos portaaviones, así como llegar en helicóptero para visitar en alta mar el buque de asalto anfibio LHD USS Kearsarge, con su contingente de marines estadounidenses listos para la batalla. Además, una de las experiencias más memorables fue cuando acompañé a un pequeño grupo de muy selectos invitados en dos viajes de más de seis horas a bordo de los submarinos nucleares USS Annapolis y USS Jacksonville. Ver a nuestros marineros maniobrar y operar esos buques de alta tecnología en grandes profundidades oceánicas fue extraordinario. Durante cada visita, ya fuera a un portaaviones, a uno para desembarques anfibios (LHS), o a un submarino de ataque nuclear, nuestros grupos fueron bienvenidos espléndidamente por los oficiales y la tripulación, con impresionantes demostraciones de sus diversas y complejas operaciones.

Esas experiencias me permitieron demostrar a más de cien españoles influyentes, provenientes de diversos segmentos de la sociedad (militar, corporativo, religioso, político, artístico, gastronómico, agrícola y de los medios de comunicación), las poderosas y complejas capacidades de nuestras fuerzas navales estadounidenses, así como nuestra estrecha coordinación en los diversos niveles de mando de la Armada española.

Los últimos meses de mi mandato en Madrid coincidió con el cambio de mando en la cúpula de las Fuerzas Armadas españolas. Todos los jefes del Estado

Mayor de la Defensa, comenzando con jefe del Estado Mayor de la Defensa (JEMAD), más los respectivos jefes de la Armada (AJEMA), el Ejército de Tierra (JEME) y el Ejército del Aire (JEMA), estaban programados simultáneamente para su jubilación. Durante nuestra frecuente interacción oficial y extraoficial, había forjado una amistad con los cuatro; me sorprendió y decepcionó descubrir que en España tales jubilaciones eran asuntos discretos, rara vez celebrados con la pompa y solemnidad que las Fuerzas Armadas estadounidenses despliegan para marcar un cambio de mando de tan alto calibre. Decidido a mostrar nuestro agradecimiento a aquellos altos oficiales que tanto nos apoyaron, y por la colaboración que nos habían brindado las Fuerzas Armadas españolas, consulté a mi buen amigo, general de cuatro estrellas y excomandante del Cuerpo de Marines, James L. "Jim" Jones, quien en ese momento servía como comandante supremo de la OTAN en Europa. Jim comprendió mi idea y apoyó una celebración de gala en la residencia de mi embajada, y ahí reconocer a estos cuatro distinguidos amigos de Estados Unidos.

Seguidamente, Jim aprobó que un pequeño grupo musical militar volara en un transporte militar desde nuestra comandancia de Nápoles para entretenernos durante la velada. Nuestro comandante de la base naval de Rota, el capitán William Mosk, tuvo la amabilidad de enviar una impresionante guardia de honor para portar y situar las banderas correspondientes al protocolo de la ocasión. Durante la velada, los líderes de mi embajada y yo dimos la bienvenida a los nuevos jefes de servicio, los colmamos de elogios y les deseamos éxito en sus futuros mandos. Y en especial aplaudimos la trayectoria de los cuatro militares que terminaban sus brillantes carreras militares, también reconociendo el sacrificio que sus esposas y familias habían hecho durante su largo y distinguido servicio a España y la OTAN. Como recuerdo especial, les obsequié a cada uno una bandera estadounidense doblada en triangulo, que ya había ondeado en su honor en la asta de nuestra embajada. La velada fue todo un éxito, con todos sonriendo ampliamente, y algunos no pudiendo contener lágrimas de emoción, propias del solemne momento. Estoy seguro de que este acto de reconocimiento fue apreciado personalmente y le granjeó a nuestro país una inmensa buena voluntad entre el alto mando militar español.

41. Volando sobre Zaragoza con el Grinch

Uno de los momentos más memorables de mis ocho años de servicio en el gobierno ocurrió el 7 de abril de 2006, cuando tuve la oportunidad de volar, durante aproximadamente una hora, en un F-16C Fighting Falcon sobre los cielos de Zaragoza, España. Los F-16 son aviones de combate monoplaza altamente sofisticados y efectivos; sin embargo, algunos modelos tienen dos asientos para entrenamiento y otros fines de observación. En esa ocasión, un grupo de varios F-16 del 555.º Escuadrón de Cazas de la Fuerza Aérea de los EE.UU. (Triple Nickel), Ala 31.º ubicados en la base aérea de Aviano, Italia, viajó a Zaragoza, España, para realizar simulacros de guerra de la OTAN, con sus homólogos españoles volando F-18. Uno de esos visitantes F-16 era biplaza, y nuestros agregados militares de la embajada, seguros de que me encantaría la aventura, lograron conseguirme un vuelo de demostración en el asiento trasero. Esa mañana temprano, al salir de nuestra residencia en Madrid hacia la estación del AVE, le dije a Tere: "Estoy algo nervioso, tengo mariposas en el estómago, y un montón de adrenalina corriéndome por todo el cuerpo. Cariño, salgo de casa con tres objetivos básicos para hoy día: 1) controlar todas mis funciones corporales, 2) no llorar como una niña pequeña pidiendo que regresemos a tierra firme, y 3) disfrutar de la incomparable experiencia. ¡En ese orden! ¡Deséame suerte!".

En la base aérea, pronto me reuní con el personal de tierra de la Fuerza Aérea, que acompañaban al grupo de visitantes. Ellos hicieron todo lo posible para prepararme, técnica y mentalmente, para mi vuelo. Primero, me entregaron un par de botas militares especiales para pilotos con puntas protectoras de acero, un mono verde de la Fuerza Aérea con un parche de velcro en el pecho, donde vi que llevaba un distintivo con mi nombre, y un traje antigravedad ajustado a mi medida, que abarcaba desde la mitad inferior de mi torso hasta la mitad superior de los muslos.

Los trajes antigravedad están diseñados para contrarrestar la fuerza de la gravedad (los Gs) durante las peripecias del avión y aumentar el flujo sanguíneo, previniendo así desmayos por falta de irrigación sanguínea al cerebro. Finalmente, me colocaron un casco de vuelo con máscara de respiración justo para mis medidas. A continuación, me explicaron qué hacer y qué no hacer en la cabina, incluyendo no tocar la palanca del acelerador a la izquierda del asiento y aprender qué hacer para eyectar en el improbable caso de alguna emergencia que dejara al piloto inconsciente. Estos preparativos lograron todo lo contrario de calmarme. Sentí como si me hubieran inyectado una dosis masiva de adrenalina en el sistema sanguíneo. Sin embargo, hice lo mejor que pude para parecer fresco y digno, tratando de no parecer tan estresado como por dentro me sentía.

Pronto conocí a mi anfitrión, un piloto llamado "Grinch", quien, a pesar de su apodo, demostró ser una persona muy agradable y acogedora. Mientras nos conocíamos brevemente tomando un café, le miré directamente a los ojos y le dije: "Grinch, francamente, estoy un poco nervioso por este vuelo, pero ante nada, debes saber que confío plenamente en ti. Sin embargo, me han dicho que a los jóvenes pilotos estrellas, como tú, a veces les gusta jugar picardías con civiles como yo. He oído que, en el aire, los pasajeros de los asientos traseros pueden ser sometidos a maniobras violentas diseñadas para asustarnos, e incluso provocando que vomitemos dentro de las máscaras de respiración o sobre nuestra ropa de vuelo. Quiero que sepas que, si por diversión decides jugarme una trastada, lo entenderé, pero no te lo perdonaré. Es importante que también entiendas de mi sentido de retribución. Después de aterrizar, ten por seguro que me cobraré con creces, encontrando formas de mortificarte el resto de mi vida, sin importar adónde te encuentres en este amplio mundo". Con una sonrisa, y aun mirándole a los ojos, terminé diciéndole: "¡Créeme, así lo haré!".

Sin esquivar mi mirada, Grinch se rio con ganas. "No, no, embajador", replicó, "le prometo un paseo emocionante y sin locuras. Si empieza a sentirse incómodo, hágamelo saber y haremos las maniobras con más calma hasta que se sienta mejor. ¡Lo más importante es que pasemos un buen rato!".

Con esas reglas básicas establecidas, nos pusimos los cascos bajo los brazos y nos dirigimos con paso firme hacia el F-16 que nos esperaba. Un miembro del equipo de tierra me ayudó a subir al asiento trasero y conectó los tubos de mi traje antigravedad y la máscara de respiración a las correspondientes tomas de la cabina. También conectó el casco para que Grinch y yo pudiéramos comunicarnos. Por último, me mostraron la anilla roja de eyección entre mis piernas, el acelerador a mi izquierda y el *joystick* de control a mi derecha. Frente a mí había una pantalla diseñada para informar visualmente al piloto sobre diversos datos pertinentes. Poco después de que la tripulación terminara de prepararme, Grinch se deslizó en el asiento delantero y comenzó los procedimientos previos al vuelo. La cubierta transparente descendió hidráulicamente y se cerró herméticamente antes de que comenzáramos a rodar lentamente hacia la pista de despegue.

Entonces Grinch me preguntó si estaba listo, a lo que respondí: "¡Listo!".

El F-16 aceleró y pronto voló a pocos metros, paralelo a la pista. De repente, se elevó como un cohete antes de, unos segundos después, nivelarse suavemente a nueve mil metros (aproximadamente la altitud de crucero de un avión comercial). El ascenso abrupto activó mi traje antigravedad, apretándome el torso y los muslos mientras yo intentaba procesar la intensa experiencia.

El Grinch dijo: "Acabamos de tolerar 4,5 Gs al ascender a 9.000 metros. ¿Cómo te sientes?".

"Me siento un poco nauseado, pero creo que estoy bien, le dije".

"Volaremos tranquilos por un rato, para darte tiempo a acostumbrarte. Disfruta de la vista mientras te indico y explico algunas cosas en la cabina".

Durante los siguientes quince minutos, me señaló los gráficos y la información de las pantallas que tenía frente a mí, las cuales replicaban las suyas. Me explicó cómo el piloto las usaría si estuviera en combate real.

Entonces el Grinch preguntó: "¿Ya te encuentras bien situado?".

Respondí: "Sí, me siento bien".

Luego dijo: "Bien. Hay una necesaria maniobra más, que generará 5,5 o 6 Gs. ¿Estás listo para proceder?".

Respondí: "Entendido. ¡Adelante!".

Luego hizo un súbito giro a la izquierda, en un parpadear casi dando un giro de 180 grados.

Sin que Grinch me preguntara, le dije: "¡Madre mía! Me han regresado las náuseas".

"¡Tranquilo! Ya pasamos lo más duro. De ahora en adelante estarás bien. Vamos a divertirnos. ¿Listo para pilotar este avión?".

Como un niño en una tienda de dulces, le respondí: "¡Por supuesto que sí!".

Luego me indicó que tomara la palanca de mando y la inclinara suavemente hacia adelante, bajando un poco nuestra altitud. Después de un poco de ensayo y error, aprendí a nivelar nuestra altitud unos doscientos metros hacia arriba o hacia abajo. Después, me indicó que inclinara la misma palanca de mando a la izquierda o a la derecha, para cambiar nuestra dirección según fuera necesario. Tras unos veinte minutos siguiendo las instrucciones, me sorprendió lo fácil que era pilotear este avión. Pensé: "Si un principiante como yo puede aprender lo básico en pocos minutos, ¡me imagino lo que un piloto bien entrenado puede hacer con este increíble avión!".

Después de pasar aproximadamente una hora de vuelo, Grinch dijo: "Embajador, espero que haya disfrutado de la experiencia, porque ya es hora de volver a bajar. Antes de aterrizar, ¿quisiera hacer la maniobra del tirabuzón?".

Sabía que esta acción nos haría dar vueltas como girando dentro de un barril, volteándonos boca arriba un par de veces. Prudentemente, temía que, si lo hacíamos, había una buena probabilidad que arruinaría lo que de otro modo habría sido una experiencia perfecta. Así que le dije: "No, macho, dejemos algo para la próxima aventura".

Dijo: "Entendido, embajador. No hay problema".

Poco después, aterrizamos sobre la pista de donde habíamos partido. Al despedirnos, estreché la mano de Grinch, y a la vez pasándole como recuerdo una de mis monedas de embajador. "Querido amigo", le dije, "Primero, muchas gracias por tu importante servicio a nuestro país. Segundo, quiero que sepas que me has dado una inolvidable experiencia, que atesoraré toda mi vida. Gracias. ¡Estuviste simplemente fantástico! ¡Que Dios te bendiga!".

Imagen 12. Eduardo Aguirre, piloto de F-16 por un día, en la base aérea de Zaragoza. (2006).

42. ¡Yo soy Washington! *L'État, c'est moi*

La segunda semana de octubre de 2005, el rey Juan Carlos I y el presidente Zapatero recibieron, como orgullosos anfitriones, a numerosos jefes de estado latinoamericanos, que asistían a la XV Cumbre Iberoamericana de veintidós países, en la ciudad de Salamanca. Estados Unidos no es miembro de esta organización; por lo que no fuimos invitados a participar, ni a observar oficialmente los procedimientos. Monitoreamos con gran interés el evento desde los márgenes, preocupados de que dos asistentes, Fidel Castro de Cuba y Hugo Chávez de Venezuela, ejercieran indebidas influencias antiamericanas en las deliberaciones. Efectivamente, a nivel ministerial, las discusiones preliminares engendraron algunas resoluciones que más tarde se formularon como declaraciones contrarias a los intereses de Estados Unidos.

Un asunto particularmente polémico involucraba a Luis "Bambi" Posada Carriles, un militante cubano en el exilio, marcado como terrorista por el FBI, y por los gobiernos de Cuba y Venezuela, entre otros. Posada Carriles era considerado el autor del atentado en 1976 contra un avión comercial cubano, derribado por una bomba, donde murieron 73 personas. En 2005, Posada Carriles fue encarcelado en Texas por las autoridades de inmigración estadounidenses. En el momento de la Cumbre Iberoamericana, él se encontraba detenido en una cárcel de Estados Unidos.

Las filtraciones de información provenientes de Salamanca sugerían que los ministros de Asuntos Exteriores allí reunidos, incitados por sus homólogos cubanos y venezolanos, estaban formulando una resolución exigiendo a Estados Unidos la extradición de Posada Carriles a Cuba o Venezuela. La premisa de dicha exigencia era que el sistema judicial estadounidense carecía de la imparcialidad necesaria para juzgar a Posada Carriles; el revés de esa moneda contenía la errónea idea de que Posada Carriles debía ser llevado ante la imparcial justicia de Cuba o Venezuela. Me repugnó que España y tantos de nuestros amigos latinoamericanos dieran credibilidad a semejante disparate.

Mas allá, nos opusimos a otra resolución que exigía el fin de nuestro embargo comercial a Cuba. Entre bastidores, manteníamos conversaciones con contactos dentro de la Cumbre y en el Ministerio de Asuntos Exteriores español. Mis colegas en la embajada y yo trabajamos con ahínco, en colaboración con nuestros colegas del Departamento de Estado, para prevenir estas ofensivas resoluciones. Nuestros esfuerzos fracasaron; el jueves anterior a la sesión inaugural, los ministros aprobaron por unanimidad los dos proyectos de resolución que adoptaban las respectivas versiones confeccionadas por Cuba y Venezuela.

Frustrado por nuestra inhabilidad de persuadir a nuestros interlocutores en temas que me parecían tan obvios, decidí poner a prueba mi acceso a los medios de comunicación y el posible impacto en la opinión pública española. Mi agregado de prensa, John Law, y su talentoso equipo de especialistas en información, se acercaron a sus contactos en los medios para comunicarles mi descontento con los borradores de resolución que se estaban preparando en la cumbre de Salamanca.

En consecuencia, el sábado por la mañana, varios periódicos y emisoras de radio españoles publicaron titulares e informes similares al de la Cadena SER:

> El Gobierno estadounidense manifestó su "inquietud" ante la posibilidad de que la XV Cumbre Iberoamericana apruebe dos declaraciones especiales de condena al bloqueo de Estados Unidos sobre la isla y de apoyo a las gestiones para lograr la extradición del anticastrista cubano Luis Posada Carriles, autor de varios atentados terroristas.

Al leer el producto de nuestros esfuerzos mediáticos, sentí que habíamos dado nuestro mejor esfuerzo posible. Y, aceptando la derrota, cerré mentalmente ese capítulo.

Para mi sorpresa, el asunto seguía en ebullición por el lado español; resultó ser un tema muy sensible dentro del Gobierno español y la Casa Real. Al parecer, entre los funcionarios españoles existía la inquietud de que un tema así, de escaso interés para España, descarrilara la nueva relación que nuestros dos países estaban intentando recomponer. Aparentemente, ese sábado en Salamanca, los españoles debatían internamente el asunto, lo que culminó con la llamada del ministro de Asuntos Exteriores, Moratinos, a mi casa sobre las 19:00 h.

Justo en ese momento, Tere y yo estábamos recibiendo a una pareja que nos visitaba en nuestra residencia. Fabio Romero, miembro de nuestro personal doméstico, interrumpió nuestra conversación, acercándose a mí, extendiéndome el teléfono y diciendo: "Embajador, le llama el ministro". Le pregunté a Fabio: "¿Ministro? ¿Qué ministro?". Acercándose, me susurró discretamente al oído: "El ministro Moratinos". Confuso por la inesperada llamada, me disculpé de la conversación con nuestros invitados, alejándome para hablar en un lugar más privado.

Después de pasar a otra parte de la casa, dije cordialmente: "Buenas noches, Miguel Ángel, qué sorpresa". El replicó en un tono sobrio y con un volumen un poco alto: "Buenas noches, embajador. Usted cometió un error al ventilar sus quejas en los medios de comunicación. El Rey no está contento; y, nosotros tampoco". Siguiéndole el hilo, yo también subí el tono de mi voz, respondiendo con una actitud tan formal como la que él había tomado: "Ministro, usted no me dejó otra opción. Durante varios días intentamos por todos los medios persuadir a su equipo para que moderaran ambas declaraciones". Alzó la voz unos decibelios más y me dijo: "Embajador, usted se ha extralimitado en sus poderes diplomáticos". Irritado por esa actitud de intimidación, subí mi tono aún más allá de su volumen, respondiendo: "La resolución sobre Posada Carriles impugna la misma estructura del poder judicial de mi país, a la vez que exalta absurdamente los ampliamente desacreditados poderes judiciales de Cuba y Venezuela. ¡Usted y yo sabemos que eso es irracional!". Añadiendo: "En cuanto a extralimitar mis poderes; bueno, ministro, cuando se trata de defender la integridad del sistema judicial de Estados Unidos, ¡yo no tengo límites!". Bajando un poco la voz, casi susurrando, el ministro dijo, muy solemnemente: "Embajador, quizás usted debería llamar a Washington para pedirles orientación".

Incluso para un embajador primerizo como yo, poco acostumbrado a escuchar semejante retórica diplomática, sabía que sus palabras me advertían de que andaba sobre un terreno delicado. Sin embargo, recordando claramente mi reunión con el presidente Bush cuatro meses antes, presentí que llamar a "Washington" no era una opción. Además, durante toda esa semana habíamos estado en comunicación frecuente con el Departamento de Estado sobre esos temas, así que tenía muy claro qué funcionaría y qué no. Con falsa bravuconería, parafraseé la famosa cita del rey francés Luis XIV, "L'État, c'est moi" (El Estado, soy yo) y declaré con convicción: "Ministro, ¡yo soy Washington!". Siguió una pausa elocuente; tras unos segundos, el ministro Moratinos bruscamente me dijo: "Hablaremos más adelante". Cortando la conversación antes de que pudiéramos decir ni una palabra más.

Mientras presionaba el botón de "colgar" en mi teléfono, mi mente corría desbocada. Repasando mentalmente la conversación, me preguntaba si, después de solo cuatro meses, mis días como embajador estarían llegando a un prematuro e ignominioso final. Al devolverle el teléfono a Fabio, me sorprendió notar lo frías, pero estables, que tenía las manos. Luego volví para sentarme con Tere y nuestros invitados y continuamos charlando un rato. Sin embargo, yo estaba tan inquieto que no recuerdo nada de lo que conversamos durante el resto de su visita; en cambio, mi mente repasaba una y otra vez ciertos fragmentos de la conversación con el ministro Moratinos. Después de que los visitantes se fueran, Tere me dijo que todos en la residencia me oían gritar por teléfono, pero que no se entendía bien lo que yo decía.

Justo cuando nos despedíamos de nuestros invitados, Fabio regresó con el teléfono: "Le llama el ministro Moratinos". Incierto de lo que me iba a decir, dije neutralmente: "¿Ministro?". Entonces, escuché al ministro en tono conciliador y con su voz a nivel normal: "Eduardo, ¿cómo estás? Hemos estado trabajando en este asunto y tenemos una propuesta para tu consideración. Estamos redactando una nueva declaración que cambie la frase clave de 'exigiendo que Posada Carriles sea extraditado a Cuba o Venezuela *y* llevado ante la justicia' a 'exigiendo que Posada Carriles sea extraditado a Cuba o Venezuela *o* llevado ante la justicia'". Comprendí rápidamente la magnitud del cambio. La frase original implicaba que la justicia solo podía encontrarse en Cuba o Venezuela; la versión reemplazada le daba a Estados Unidos la opción de impartir justicia en nuestras cortes o extraditar. Curiosamente, ambas frases cambiaban significativamente con el trueque de una letra (*y/o*). ¡Cambiar esa letra hizo toda la diferencia!

Sin perder tiempo le dije: "Ministro, me gusta su modificación. Estoy de acuerdo". A continuación, me preguntó: "¿Qué hay de la resolución sobre el bloqueo?". Recordando nuestras extensas conversaciones sobre este tema con el Departamento de Estado a principios de esa semana, respondí: "Esa redacción coincide con otras inapropiadas resoluciones de las Naciones Unidas. No nos gusta, pero estoy dispuesto a guardar silencio sobre este tema. No perdamos tiempo en eso. Puedes dejarla tal y como está". Su pronta respuesta fue: "¡Excelente! Por favor, llama a Washington para confirmar". Un poco molesto, le respondí: "Miguel Ángel, esta es la segunda vez que mencionas a Washington en el contexto de nuestra conversación de hoy. Ya le dije antes, que yo soy Washington. Estoy de acuerdo con la nueva redacción. Adelante".

Luego añadí sin premeditación: "Además, en deferencia a tus buenos esfuerzos, estoy dispuesto a mencionar a los medios de comunicación nuestro reconocimiento a la buena labor de España en lograr moderar las diferentes opiniones dentro de la cumbre".

Estuvo agradecido por esa inesperada ofrenda de paz y nos despedimos cordialmente.

Al colgar el teléfono, sonreí para mí, brevemente saboreando la victoria de haber evitado una pequeña crisis. Tras informar a Bob Manzanares y John Law, les indiqué que se comunicaran con sus contactos en los medios españoles y les hicieran saber nuestro agradecimiento por la disposición de España a moderar a los agitadores. Esto es lo que *El País* publicó el próximo día:

EE.UU. elogia al Gobierno por moderar la declaración de la Cumbre de Salamanca

El embajador de Estados Unidos en Madrid, Eduardo Aguirre, elogió ayer al Gobierno por actuar en la Cumbre Iberoamericana como "un elemento de moderación" y subrayó que las declaraciones relativas a su país fueron "matizadas de una forma más sensata" de lo que habrían sido "si España no hubiera moderado". Aguirre lamentó que muchas de las conclusiones de la Cumbre de Salamanca fueron "eclipsadas por los intereses de Cuba o de Venezuela", cuando éstos [*sic*] deberían haber sido "relegados" ante cuestiones "de mucha más importancia" en Latinoamérica, como la democracia o los derechos humanos.

El embajador explicó que durante la cumbre habló con el ministro de Exteriores, Miguel Ángel Moratinos, y agradeció y apreció que el rey y el Ejecutivo español actuaran de "elemento moderador" en una reunión en la que el papel de anfitrión implica que "hay que ser más neutrales" que los "participantes normales".

Aguirre se refirió así al desenlace de la polémica suscitada por las dos declaraciones anexas de la cita de Salamanca que afectaban a Cuba y a la política exterior estadounidense, en una de las cuales se utilizaba por primera vez en una cumbre iberoamericana el término "bloqueo" para pedir el fin del embargo económico, comercial y financiero de EE.UU. sobre la isla.

"La satisfacción mayor de la Cumbre de Salamanca es reconocer que España ha sido un elemento de moderación dentro de las conversaciones o discusiones que hubiera podido haber entre estos 22 países, algunos de los cuales tienen intereses relativamente opuestos, polarizados en muchos casos", añadió.

Quizás fue mi imaginación, pero durante el resto de mi estancia en la embajada, el ministro Miguel Ángel Moratinos me trató con más camaradería y respeto que antes de tener nuestro pequeño incidente. Con el tiempo, en la toma y daca correspondiente a nuestros roles, a veces polémicos, a veces colaborativos, llegué a simpatizar mucho de él y a considerarlo un amigo.

43. Washington reabre, cauteloso, las puertas a España

Con el paso de las semanas y los meses, el ambiente frío entre España y Estados Unidos fue entibiándose poco a poco. Tal y como les había pedido, el personal de mi embajada se centró en nuestra misión de trabajar en nuestros objetivos comunes con España, y de aislar en específicos foros aquellos que eran motivo de fricción o desacuerdo. Con el tiempo, logramos avances significativos en asuntos de mutuo interés en áreas de defensa, como la OTAN, bases militares, tecnología y tropas en Afganistán; contribuciones de ayuda humanitaria a Irak; productos agrícolas, como el maíz transgénico; lucha contra el terrorismo, especialmente contra ETA o musulmanes extremistas; lucha contra el narcotráfico; extradición de peligrosos criminales, como el traficante de armas Monzer al-Kassar; y muchos otros asuntos.

Una clara muestra de nuestra nueva relación fue la renovación gradual de los viajes oficiales de los ministros españoles a Washington, D.C., para reuniones de alto nivel con sus homólogos, quienes, siguiendo nuestras recomendaciones, les extendieron la alfombra roja y su hospitalidad. En contadas ocasiones, la situación requería que yo también viajara a Washington para participar en las conversaciones. Aprovechaba al máximo esos viajes para tratar asuntos de la embajada, reuniéndome con colegas del Departamento de Estado, el Consejo de Seguridad Nacional, el Departamento de Defensa, el Departamento de Justicia y otros más.

El lunes 18 de junio de 2006, tras asistir a la reunión anual del Consejo Estados Unidos-España celebrada en Tampa, Florida, el ministro Moratinos y su equipo del Ministerio de Asuntos Exteriores viajaron a Washington, D.C. para una muy deseada reunión con la secretaria de Estado, Condoleezza Rice. Yo también fui a Washington, D.C., ayudando a preparar la agenda y participando en las reuniones, que incluyeron una comida de trabajo con la secretaria Rice en su comedor privado.

Tras unas exitosas reuniones en el Departamento de Estado, y otros eventos durante su estancia en Washington, el ministro Moratinos resplandecía eufórico. Al despedirnos frente al Departamento de Estado, estrechando mi mano, agradeció mi contribución al viaje e, inesperadamente, me invitó a regresar a Madrid como su invitado especial en su avión oficial. No siendo tonto como para desaprovechar una oportunidad de esa índole, con mucho gusto acepté su invitación. Esa misma noche, nos encontramos en el aeropuerto y abordamos el "avión del rey", una versión modificada de un Airbus 320, que incluía un espacio privado con cama y ducha. Durante las nueve horas de vuelo, después de una agradable cena y distendida tertulia, Miguel Ángel, en su papel de cordial y magnánimo anfitrión, me ofreció la opción de descansar, durante el resto de viaje, en privado en "el cuarto del rey"; una oferta que alegremente acepté agradecido.

En la tarde del 22 de octubre de 2006, el recién nombrado ministro de Defensa español, José Antonio Alonso, realizó una visita oficial al secretario Donald Rumsfeld. Ese mismo día, el ministro Alonso me había invitado a acompañarlo mientras depositaba una corona de flores en la Tumba del Soldado Desconocido, situada en el Cementerio Nacional de Arlington. Mientras nuestra limusina avanzaba pausadamente por la carretera principal del cementerio, yo estaba sentado en el asiento trasero, a la izquierda del ministro, desde donde pudimos escuchar las salvas de honor de veintiún cañonazos. Mirando por la ventana, inesperadamente vi el memorial al USS Maine, un monumento que conmemora el inicio de la guerra hispano-estadounidense en 1898. Usando mi mejor tacto, me abstuve de señalárselo.

Yo llegué al Pentágono antes de la reunión ministerial, listo para informar al secretario Rumsfeld y a su personal sobre el estado de nuestras mejoradas relaciones con España.

El secretario Rumsfeld, conocido por su carácter mordaz, irrumpió en la sala y me espetó ásperamente: "háblame de *tu* ministro de Defensa".

Mosqueado, le respondí: "Alonso no es *mi* ministro de Defensa. *Tú* eres *mi* secretario de Defensa".

Rumsfeld dijo con desaire: "¡De acuerdo! ¡Comencemos la sesión informativa!".

Afortunadamente, la visita con Rumsfeld y Alonso, apoyados por sus respectivos equipos, fue substancial, cordial, y todo un éxito. Al finalizar, una guardia de honor nos esperaba a la salida del edificio del Pentágono, donde se celebró una conferencia de prensa conjunta.

El 1 de junio de 2007, casi un año después de recibir al ministro Moratinos en Washington, la secretaria de Estado Condoleezza Rice llegó a Madrid. Su visita a España deleitó al gobierno español y, posteriormente, facilitó enormemente el resto de mi período como embajador. La logística de seguridad y la preparación de la agenda fueron laboriosas y rigurosas. Durante semanas, el equipo de avance de Rice y el personal de nuestra embajada trabajaron en estrecha colaboración con un numeroso y diverso contingente de funcionarios españoles, para garantizar que todo lo relacionado con su visita de seis horas fuera impecable. Al recibir reportes periódicos, quedé impresionado por la minuciosidad con la que se cubrieron los detalles.

Durante su breve estancia en Madrid, mantuvo importantes visitas con el rey Juan Carlos I, el presidente Zapatero, el ministro Moratinos, y el líder del partido de la oposición, Mariano Rajoy. También se dirigió a una asamblea pública con empleados de nuestra embajada, y sostuvo una rueda de prensa. Su avión aterrizó en el aeropuerto de Torrejón, situado a las afueras de Madrid, a las 12:20 h y despegó de vuelta a las 20:10 h. Durante seis horas tuve el placer de estar al lado de "Condi", observando su agudo intelecto y su capacidad para comprender complejas cuestiones multidimensionales. Era sorprendentemente eficiente en cada una de sus acciones y movimientos. Fue un placer aprender de ella a través de la observación y conversación. En cada evento, su cálida actitud y su perspicaz inteligencia cautivó a sus interlocutores. Creo que Miguel Ángel estaba un poco fascinado con ella. Ciertamente, él y yo estábamos más que encantados, porque la visita de la secretaria marcó un punto de inflexión significativo en nuestras relaciones de gobierno a gobierno.

Imagen 13. La secretaria de Estado Condoleezza Rice, el rey Juan Carlos I y el embajador Aguirre, Residencia Real de la Zarzuela en Madrid (2007).

Tras la rueda de prensa de la secretaria, su comitiva de dieciocho vehículos (diez coches, dos furgonetas y seis motocicletas) partió a toda velocidad desde nuestra residencia hasta el aeropuerto de Torrejón, al final deteniéndose frente a su impresionante avión oficial. El equipo de apoyo acompañando a la secretaria subió a toda prisa mientras ella se despedía al pie de la escalerilla. Antes de subir al avión, me expresó su sincera gratitud por nuestra hospitalidad. Mientras el avión rodaba para despegar, sentí que la tensión se disipaba lentamente de mi cuerpo. Entonces recordé el viejo refrán diplomático: "No hay perfume más dulce que el que despiden los motores del avión, al despegar con el vip que se marcha". Sin ningún contratiempo, nuestra embajada había acogido con gran éxito una visita sumamente importante. ¡Gracias a Dios que había terminado!

A medida que nuestras relaciones con España comenzaron a mejorar, los funcionarios de la Administración Bush y los representantes del Congreso se sintieron cada vez más cómodos visitando España. Recibimos visitas oficiales de Robert Gates, secretario del Departamento de Defensa después de Rumsfeld; Margaret Spellings, secretaria de Educación; Michael Chertoff, secretario del Departamento de Seguridad Nacional; Ralph Basham, director del Servicio Secreto; Dina Powell, jefa de Personal Presidencial; Tom Shannon, subsecretario del Departamento de Estado; y de varias delegaciones del Congreso (una encabezada por mi "hermano" Pedro Pan, el senador Mel Martínez), además de otros visitantes del gobierno federal, estatal, y municipal. También recibimos varias visitas de trabajo del comandante del Mando Europeo de los Estados Unidos y comandante Supremo Aliado en Europa, el general James "Jim" L. Jones. Si bien cada visita implicó cierto grado de trabajo y planificación adicionales, fue reconfortante ver que nuestra excelente labor en la reparación de las relaciones con España fue reconocida por miembros clave de nuestro gobierno.

Imagen 14. Eduardo y Tere Aguirre con la secretaria de Educación, Margaret Spellings, en la Residencia del Embajador en Madrid (2006).

Otras figuras luminarias que visitaron o pasaron la noche en nuestra residencia fueron el expresidente Jimmy Carter con la exprimera dama Rosalynn Carter; el actor y productor Andy García; el inmobiliario Armando Codina, quien pertenecía a las juntas directivas de General Motors y American Airlines; el productor musical Emilio Estefan con su esposa, la renombrada artista de música y cine Gloria Estefan. Entre otras muchas personalidades que nos distinguieron con su presencia estaba el afamado escritor Mario Varga Llosa (Premio Nobel de Literatura). También ofrecimos una cena de honor al tenor y director de ópera Plácido Domingo, quien vino acompañado por su esposa, la soprano Marta Ornelas. La bella actriz española Inés Sastre nos acompañó para el estreno en nuestra embajada de la película *La Ciudad Perdida*.

Imagen 15. Tere Aguirre y Eduardo con la primera dama Rosalynn Carter y el presidente Jimmy Carter en la Residencia del Embajador en Madrid (2008).

44. Cuba

Cuba fue un tema recurrente durante mis ocho años de servicio al gobierno, y especialmente durante mi época como embajador en España. Cuba y Venezuela avivaron la discordia hacia EE.UU. durante la Cumbre Iberoamericana de octubre de 2005. Sabíamos también que los servicios de espionaje cubanos estaban plenamente activos en España, lo que obligaba a nuestro equipo de seguridad de la embajada a estar constantemente alerta contra posibles intrusiones de inteligencia. Uno de mis objetivos más ambiciosos era intentar realinear la actitud amistosa de España hacia Cuba para acercarla a nuestra perspectiva; es decir, aislar al gobierno cubano con la esperanza de que dicho aislamiento estimulara un cambio de la dictadura hacia la democracia. Cada vez que surgía el tema de Cuba, Miguel Ángel Moratinos me aseguraba que nuestros objetivos eran similares —la democracia y el bienestar de la población cubana—, pero que nuestros métodos para llegar a ese cometido diferían en sus perspectivas.

La posición de España respecto a Cuba era importante, ya que otros países europeos la percibían como un líder con respecto a Cuba. En represalia por la ejecución y encarcelamiento por el gobierno de disidentes cubanos, ningún líder europeo había visitado Cuba desde 2003. Disuadir a Miguel Ángel de viajar allí y romper ese aislamiento era uno de mis objetivos estratégicos. Lamentablemente, en abril de 2007, mis esperanzas se esfumaron al ver en televisión una noticia de última hora, que informaba de su llegada a La Habana. Además, durante su visita, cedió a la presión cubana para no reunirse con disidentes del régimen comunista. Al leer los reportes de prensa, recuerdo que mis sentimientos eran menos de ira y más de frustración. Personalmente, me decepcionó que, después de tanto esfuerzo, yo no hubiera logrado convencer a Miguel Ángel de viajar a La Habana en su calidad de alto funcionario europeo.

Apenas regresó de Cuba, solicite una reunión con él en su despacho en el Ministerio de Asuntos Exteriores. Inicié la conversación diciéndole: "Miguel Ángel, traigo conmigo una provisión imaginaria de madera, clavos y un martillo".

Arqueó las cejas, perplejo sobre el significado de mis palabras. Y continué: "No, no para crucificarte. Aunque sin duda te lo mereces. Sino para construir un cercado alrededor de nuestros desacuerdos sobre Cuba. Verás, no quiero que tu viaje a La Habana interfiera en nuestras buenas relaciones. Creo que no podemos permitir que este viaje descarrile el progreso logrado en nuestras respectivas agendas".

Su rostro pasó de tenso a relajado, y se recostó en su silla y rio de buena gana. Diciendo: "Correcto, debemos seguir trabajando juntos, aunque no siempre estemos de acuerdo en todo".

Quizás como recompensa por el viaje del ministro Moratinos a La Habana, un año después de su viaje, Cuba anunció la liberación de siete presos políticos enviados a España. Ese pequeño grupo representaba un pequeño porcentaje de los que oficialmente se encontraban en cautiverio, que eran más de cien. No obstante, felicité a Moratinos y a su equipo por lograr una concesión tan humanitaria. Junto con un equipo selecto de nuestra embajada, nos reunimos con ellos en mi residencia. Compartí nuestra admiración personal e institucional por su valentía y patriotismo; también recibieron nuestro apoyo moral.

En colaboración con Thomas A. Shannon, subsecretario de Estado para Asuntos del Hemisferio Occidental, acepté jugar un papel extraoficial, haciendo ocasionalmente declaraciones a los medios de comunicación españoles, ajenas a mi función como embajador en España, donde criticaba a los gobiernos de Cuba y Venezuela. Tenía dos razones para hablar públicamente sobre este tema. En primer lugar, nuestros diplomáticos destinados en esos países se encontraban en una precaria situación diplomática; si tales pronunciamientos fueran hechos por ellos, sin duda provocaría su expulsión por parte de los gobiernos anfitriones. En segundo lugar, los medios españoles cuentan con vías de comunicación que alimentan a corresponsales medios de comunicación en Latinoamérica; por lo tanto, mis mensajes tenían el potencial de llegar, de segunda mano, a una audiencia estratégicamente importante para EE.UU.

Mis comentarios, siempre cautelosos y muy medidos, nunca provocaron ninguna razón de queja por parte de España, pero sin duda molestaron a los embajadores cubano y venezolano. En más de una ocasión, mostrando su molestia con mis declaraciones, me acusaron en entrevistas con medios españoles de sufrir de "incontinencia verbal". Anteriormente, el periódico cubano *Granma* —Órgano Oficial del Comité Central del Partido Comunista de Cuba— me había calificado como "enemigo de la revolución cubana". Supongo que, a sus ojos, las declaraciones que emití en España solo sirvieron para confirmar mi antipatía hacia el gobierno comunista cubano. Al contrario de arrepentirme; me enorgullezco por haber servido como una pequeña espina irritante.

Antes de partir de Washington hacia España, recibí pocas instrucciones estrictas. Una de ellas era que, dado que Estados Unidos no tenía relaciones diplomáticas con Cuba, no debía saludar en público ni conversar con el embajador u otros diplomáticos cubanos. Quizás él también seguía similares instrucciones, ya que nos cruzábamos a menudo en diversos actos diplomáticos y sociales, y nos rodeábamos con exquisito cuidado, siempre evitando darnos la mano o cruzar palabras. A pesar de nuestros mejores esfuerzos, en un evento formal, nos condujeron a Tere y a mí a un pequeño ascensor europeo antiguo y, antes de que cerraran las puertas, nuestro anfitrión invitó al embajador cubano Alberto Velazco y a su señora esposa a subir con nosotros para el corto trayecto de una sola planta. Durante unos segundos, los cuatro quedamos atrapados como sardinas en lata, uno frente al otro sin mirarnos, sin que ninguno de los dos reconociera la presencia del otro. Fue un momento extraño e incómodo, aunque en retrospectiva cómico.

En ocasiones, mis acciones oficiales con respecto a Cuba desconcertaban a los exiliados cubanos, quienes esperaban que actuara conforme a sus opiniones, las cuales no siempre coincidían con los intereses estadounidenses. Un día, recibí en mi residencia a una delegación de distinguidos exiliados cubanos que llevaban muchos años viviendo en Madrid. Conocía bien sus apasionados sentimientos contra el gobierno cubano y la represiva dictadura comunista. Mientras tomábamos café y galleticas, hicieron lo posible para presionarme a adoptar una posición pública que no cuadraba con las instrucciones que había recibido del Departamento de Estado. Tras una larga conversación, llegamos a un punto muerto.

Frustrada, una de las líderes apeló a mis raíces cubanas y dijo con algo de reproche: "¡No te olvides de que eres cubano!".

Con mi mejor tono amigable y conciliador, le respondí con una sonrisa: "Tienes toda la razón. Soy cubano y estoy muy orgulloso de serlo. Además, entre otras cosas, soy el esposo de Tere, el hijo de Eduardo y Altagracia, el padre de Eddy y Tessie, un tigre de LSU, un tejano orgulloso y, por supuesto, ciudadano estadounidense. Pero, por encima de todo, hoy por hoy, soy el embajador de Estados Unidos en España. Como estoy seguro comprenderás, es mi deber actuar como tal". Eso puso fin a la discusión.

45. ¡Dejar de echarle leña al fuego!

A los dos años después de comenzar mi época de embajador, en general, yo me encontraba satisfecho con la marcha de las relaciones entre nuestros dos gobiernos. Así es que me llevé una desagradable sorpresa el 20 de marzo de 2007, al leer una mañana el periódico mientras desayunaba. En primera plana leí un artículo en portada relatando cómo miembros del Congreso español se habían reunido en la escalinata del Palacio de las Cortes para condenar a Estados Unidos en el aniversario de la guerra de Irak. Sus declaraciones, ofensivas al presidente Bush y su Administración, en varios puntos, eran realmente erróneas. Mi sangre hirvió al leer el artículo, principalmente porque marcaba el final abrupto de la tregua, en materia de ataques retóricos, que el presidente Zapatero y yo habíamos forjado, cara a cara, a los pocos días de mi llegada a Madrid.

Mi primer impulso de ira fue contactar a los periódicos, corregir las inexactitudes de las declaraciones políticas, y argumentar nuestros opuestos puntos de vista. Tere acababa de unirse a mí y me preguntó por qué parecía molesto. Enseguida le expliqué.

Con calma, me respondió en un tono formal: "Señor embajador, respire hondo y piense bien antes de actuar impulsivamente". Como siempre, ¡un buen consejo!

Tras reflexionar un poco, reconocí que pronto habría elecciones regionales españolas y que participar en un toma y daca público podría ser malinterpretado como mi intromisión en las elecciones, y probablemente resultar ser contraproducente. Ya más sosegado, después de pensarlo mejor, marqué el móvil privado de Carles Casajuana, quien aún ejercía como asesor de Seguridad Nacional del presidente Zapatero.

Después de las habituales palabras de buenos días y ese tipo de cortesías, me preguntó: "Eduardo, ¿qué puedo hacer por ti?".

Mi respuesta mesurada y tranquila fue: "Estimado Carles, esta mañana casi me indigesté con mi desayuno, leyendo en los periódicos los ataques verbales contra el presidente Bush y la guerra de Irak. Es una clara violación del acuerdo que hicimos con el presidente Zapatero. ¿Los has visto?".

Me dijo: "Sí, en efecto, lo he visto. Eduardo, debes tener en cuenta que quienes aparecen en la foto y en el artículo son miembros del Congreso de Diputados, no miembros de la Administración del presidente". Añadió: "Como sabes, nuestra democracia protege la libertad de expresión. Los comentarios publicados no fueron ni respaldados ni autorizados por el presidente Zapatero".

Con muy leve sarcasmo le respondí: "Sí, sé todo lo que hay por saber sobre la libertad de expresión. Lo que me preocupa es haber juzgado mal la influencia del presidente Zapatero sobre su PSOE. Estas declaraciones indican que, como presidente del partido, no parece tener el nivel de control político entre las filas de su partido que yo estimaba. Quizás me equivoqué al atribuirle cierto grado de influencia sobre la militancia de su partido".

Tras una breve pausa, añadí: "Carles, mi primer impulso, antes de llamarte, fue ponerme en comunicación con la prensa, principalmente para corregir las equivocaciones expresadas en las protestas y aclarar varios aspectos relacionados con la guerra de Irak. Sin embargo, me pareció que, estando tan cerca de las elecciones, mi llamada podría ser malinterpretada por algunos como una involuntaria intromisión en los asuntos internos de España. Por lo tanto, con buena voluntad y para evitar malentendidos, he decidido dejar pasar por alto esta situación. Aparte de esta llamada a ti, no tengo previsto tomar ninguna otra medida. Ten en cuenta que, si se repitiera algo parecido, no me quedaría más remedio que considerarlo un incumplimiento de la promesa verbal que me hizo el presidente durante nuestra primera reunión. Por lo tanto, me veré obligado a interactuar con los medios de comunicación en los términos que hemos hablado".

Carles me agradeció mi llamada y mi prudencia. Además, prometió compartir nuestra conversación con el presidente Zapatero y que me informaría más tarde. Así fue como cordialmente concluimos nuestra conversación.

A última hora de la tarde, Carles me llamó y me dijo: "Embajador, hablé con el presidente Zapatero. Me pidió que le dijera que él aprecia su decisión de no entrometerse en los asuntos internos de España. Por otra parte, respecto a las críticas al presidente Bush y la guerra de Irak, me pidió que le asegurara que no se echará más leña al fuego".

Interpretando favorablemente el mensaje que Carles me comunicó, le agradecí su llamada, confiando en el mensaje tranquilizador del presidente. Fiel a la palabra de Zapatero, durante el resto de mi época en la embajada, no hubo más reproches públicos ni contra el presidente Bush ni contra la guerra de Irak por parte de nadie del PSOE, ni de la Administración del presidente Zapatero.

46. Pasando página

El 9 de marzo de 2008, España celebró elecciones generales, y el Partido Socialista Obrero Español, liderado por José Luis Rodríguez Zapatero, obtuvo la mayoría de los votos, pero quedó a solo siete escaños de la mayoría absoluta. Beneficiándose de una economía favorable y un período de estabilidad social, el presidente Zapatero triunfó una vez más en unas elecciones democráticas, justas, y abiertas, contra su adversario político, el Partido Popular y Mariano Rajoy. Inmediatamente después de conocerse los resultados, mi equipo y yo redactamos nuestro mensaje más persuasivo al presidente Bush, sugiriéndole que llamara al presidente Zapatero para felicitarlo. Conscientes de lo desagradable y personalmente irritante que sería para el presidente Bush tal llamada, el cable diplomático enumeraba cuidadosamente las numerosas razones por las que realizar la llamada era lo más correcto.

Más tarde me informaron que durante una reunión sobre el tema, en el Despacho Oval, el presidente Bush consideró cuidadosamente mi mensaje. Expertos del Consejo de Seguridad Nacional y del Departamento de Estado, junto a asesores allegados al presidente Bush, debatieron los pros y contras de nuestra recomendación. Durante un tiempo, el resultado de la discusión estaba en suspenso, pero finalmente el presidente decidió aceptarla. Lo que finalmente inclinó la balanza a mi favor fue que el presidente Bush había aceptado mi exhortación de que ya era hora de "pasar página", y aplaudir que Europa acababa de celebrar otras exitosas elecciones democráticas. En resumen, ya era hora de dejar atrás los escollos y avanzar en nuestra relación con España.

De hecho, unos días después, en la mañana del 14 de marzo de 2008, el presidente Bush realizó una llamada telefónica de felicitación, previamente orquestada con cuidado, al presidente Zapatero. Durante la breve y cordial conversación, ambos acordaron verse durante la próxima Cumbre de la OTAN, que ocurriría ese abril en Bucarest, Rumanía. Por insignificante que pueda parecerles a algunos, esa breve conversación, iniciada por el presidente Bush, marcó un significativo paso en la consolidación del progreso logrado durante casi tres años de intensa labor diplomática por ambos países.

Minutos después de la llamada entre los presidentes, el ministro Moratinos me llamó para agradecerme mi aportación en el proceso. Ambos disfrutamos del momento, que hasta ese día nos parecía fuera de nuestro alcance.

Unos meses después, el 21 de noviembre, en reconocimiento a los avances logrados durante mi mandato entre nuestras naciones, el rey Juan Carlos I, de manos del ministro de Asuntos Exteriores Moratinos, en una ceremonia privada en el Ministerio de Asuntos Exteriores, me concedió la alta condecoración de la Gran Cruz de la Real Orden de Isabel la Católica.

47. Gestión de sucesión

Si comparamos a una embajada con una empresa o corporación, se puede comparar al embajador (jefe de Misión) como presidente del Consejo Directivo (CEO), mientras que el ministro consejero o subjefe de Misión (DCM) ejerce como consejero delegado (COO). Durante cualquier ausencia del embajador (por corto o largo plazo), el DCM asume la función de Chargé d'affaires, o jefe interino de la misión. El éxito, o la falta de él, de un embajador depende en gran medida del nivel de competencia de su DCM y de la capacidad conjunta para ambos funcionar como una sola entidad. Durante mi mandato, tuve la suerte de contar con tres excepcionales ministros consejeros.

Gracias a la acertada selección de mi predecesor, tuve la suerte de que, a mi llegada a Madrid, Bob Manzanares pasara sin contratiempos del cargo de DCM al de Chargé d'affaires; y regresar al cargo de DCM. Bob fue un invaluable guía durante mis primeros meses y continuó siéndolo después, trabajando codo con codo. Para el verano de 2006, la trayectoria profesional de Bob lo colocó en las miras del Departamento de Estado para regresar triunfal a Washington, y dar el siguiente paso en su carrera diplomática. Con mucho gusto lo recomendé sin reservas para ser ascendido a cualquiera de los muchos altos puestos disponibles en el Departamento de Estado. Después de Madrid, Bob aceptó incorporarse a la misión de Estados Unidos ante la Organización de los Estados Americanos (OEA), desempeñándose con distinción como su representante permanente. Tras su jubilación, nos hemos mantenido en contacto, continuando nuestra amistad.

A finales de 2005, consciente de que Bob partiría en siete u ocho meses, comencé una meticulosa búsqueda para su reemplazo. Tras escoger entre muchos candidatos cualificados, elegí a Hugo Llorens, quien en ese momento era el ministro consejero de nuestra embajada en Buenos Aires, Argentina. En Madrid, Hugo demostró ser un excelente ministro consejero y se convirtió en un líder clave del equipo de la embajada. Centró gran parte de su atención en orquestar la colaboración entre las autoridades militares y de defensa estadounidenses y españolas, garantizando que España sirviera como un centro logístico eficaz para las aeronaves y buques estadounidenses, que reabastecían nuestras operaciones militares en Afganistán e Irak.

Esta experiencia le fue muy útil cuando, años después, en dos ocasiones fue el principal diplomático estadounidense en nuestra embajada en Kabul, Afganistán. Afortunadamente para Hugo, su brillante carrera diplomática estaba destinada a una trayectoria mucho más allá de su puesto de ministro consejero en Madrid. A finales de la primavera de 2008, le ofrecieron a Hugo la Embajada de Estados Unidos en Honduras. Por cortesía me pidió beneplácito para esta prematura salida, y yo estuve alegre de apoyar este bien merecido ascenso. Durante su época en la Embajada en Honduras, primero bajo el presidente Bush y luego bajo el presidente Obama, Hugo demostró ser un embajador muy capaz, manejando hábilmente los intereses estadounidenses durante un período de incertidumbre política en Honduras.

Una vez más, la inesperada partida de Hugo me puso en posición de seleccionar a otro sustituto para el puesto de ministro consejero, alguien que pudiera asumir el cargo con gran rapidez y que también pudiera desempeñarse como Chargé d'affaires por un período indeterminado hasta la futura selección y confirmación del siguiente embajador, quien sería nombrado por el presidente que fuera elegido después del presidente Bush. A mi parecer, ese candidato debía poseer una personalidad sólida para desempeñar el cargo de DCM bajo la supervisión de un nuevo embajador.

A principios de 2008, no había duda de que mi partida de Madrid ocurriría al final del segundo y último mandato del presidente Bush, probablemente el mismo día de la toma de posesión del nuevo presidente, el 20 de enero de 2009. La partida de Hugo me dio un breve margen de tiempo para encontrar a su sustituto. En Arnold Chacón encontré al candidato perfecto; él asumió el cargo con facilidad y, tras mi partida, realizó una excelente labor como Chargé d'affaires, y posteriormente, como DCM de mi sucesor, el embajador Alan Solomont.

Mientras los senadores Barack Obama y John McCain competían en la campaña electoral para ser el sucesor del presidente Bush, en España mi principal visión de la acción política estadounidense era a través del prisma de los informes de los medios de comunicación y las conversaciones informales con amigos y visitantes. Desde esa distancia, en contraste con anteriores ocasiones, no me dejé llevar demasiado por la emoción de la política presidencial. Tere y yo votamos desde la embajada y, debido a la diferencia horaria de seis horas con Washington, D.C., nos fuimos a dormir antes de que se conocieran los resultados.

Una vez le dije al presidente Bush 41: "Soy un partidario de Bush con *B mayúscula*. Soy republicano con *r minúscula*. Lo más importante es que soy un estadounidense con *E mayúscula*. Republicano o demócrata, como estadounidense, rezo por el éxito de quien sea *mi* presidente". De hecho, la mañana después del día de las elecciones, cuando Barack Obama fue declarado ganador, dije una oración privada por su éxito, y por el éxito de Estados Unidos durante su mandato.

Para ayudar a mi entonces desconocido sucesor, Arnold Chacón y yo redactamos un largo y secreto cable que detallaba brevemente mis impresiones sobre los actores clave de la Casa Real, el gobierno español, líderes políticos regionales y otras figuras políticas clave e influyentes. Confiando en la confidencialidad del medio, y tratando de serle útil a mi sucesor, no suavicé mi evaluación de ninguno de los mencionados. Más tarde, mi sucesor, el embajador Alan Solomont, me informó que, en efecto, el informe le había sido útil al comenzar sus funciones en Madrid.

48. Tentado a quedarme un poco más

A lo largo de los años, he conversado con algunos exembajadores estadounidenses que hablan con nostalgia de su época como embajadores, y de cuánto les hubiera gustado quedarse más tiempo en el puesto. De verdad, comprendo plenamente esas emociones. Cualquiera puede acostumbrarse a las formalidades del trabajo, al poder que, como representante de los poderosos Estados Unidos, engalana el puesto, y al lujo excepcional de contar con un pequeño ejército de personal de oficina y personal doméstico, todos dispuestos a atentamente anticiparse o adivinar tus deseos y necesidades. A veces, notaba que, a pesar de lo que mis oídos escuchaban, mis ideas no eran tan brillantes como mi equipo las alababan, ni mis chistes eran tan ocurrentes como las risas indicaban. Desde el principio, Tere y yo comprendimos la tentación emocional de intentar quedarnos más tiempo en el puesto e hicimos todo lo posible por protegernos de esa falsa emoción. Por mi parte, utilicé un juego mental: yo me imaginaba embarcado en un crucero marítimo que, como todas esas travesías, tenía que concluir cuando el barco atraca en puerto, desembarcas, y un nuevo pasajero del crucero llega a ocupar el camarote que recién dejaste. Esa fantasía me ayudó a centrarme.

Mientras el 2008 progresaba, Tere y yo nos recordábamos constantemente que se acercaba el fin de nuestra estancia en España, obligándonos a ser conscientes de no apegarnos demasiado a nuestra privilegiada vida. A finales de octubre, Tere y yo poco a poco comenzamos los preparativos para nuestra partida el 20 de enero de 2009. Reservé asientos en el avión de regreso a Houston, inicié los trámites de separación con el Departamento de Estado, y comenzamos a empacar nuestros enseres para su envío a nuestra casa en Houston.

Una noche, mientras trabajaba en la oficina de mi residencia, recibí una inesperada llamada de mi amigo, el general Jim Jones. No tardé en felicitar a Jim por asumir el papel de líder de la transición del presidente-electo Obama, y por haber sido seleccionado por él para dirigir el Consejo de Seguridad Nacional de la presidencia después de la inauguración.

El general Jones entonces me dijo: "Eduardo, sabes que es probable que tu sucesor tarde un poco en llegar. España es un importante aliado. El presidente Obama preferiría tener a alguien como tú al frente de la embajada durante los meses que dure la transición. Me ha pedido que te invite a quedarte temporalmente durante ese indefinido período interino. ¿Qué te parece?".

La pregunta de Jim me tomó por sorpresa. Por un momento, no supe qué decir. Sin embargo, me recuperé rápidamente y dije: "No, no, querido Jim, mis planes de salida son firmes. Tere y yo regresamos a Houston el 20 de enero. Mi decisión no tiene nada que ver con la política. Me siento inmensamente honrado y halagado de que tú y el presidente electo Obama estéis dispuestos a mantenerme en el cargo por un tiempo. Sin embargo, mi respuesta habría sido la misma si John McCain hubiera ganado las elecciones". Añadí: "Ocho años de servicio público y la actual crisis financiera mundial han hecho una seria mella en las reservas financieras de mi familia. Necesito volver al sector privado e intentar reponer mi patrimonio. Además, no conozco al presidente Obama ni sé mucho sobre su estrategia de política exterior. Sería inapropiado intentar de representar su punto de vista en Madrid. Mi querido amigo, gracias, pero no, gracias".

Jim fue muy comprensivo y respondió: "No hay problema, Eduardo. Te entiendo y te deseo lo mejor en el sector privado. Mantengámonos en contacto".

Tras su llamada, reflexioné sobre nuestra conversación y concluí que había tomado la decisión correcta. Posponer mi salida unos meses más y quedarme como embajador interino no habría aportado mucho al puesto. Además, Arnold Chacón estaba más que listo para asumir el cargo de Chargé d'affaires; hubiera sido injusto negarle esa oportunidad profesional. Dicho esto, me sentí sumamente halagado por la llamada de Jim y la inusual invitación, tentándome a permanecer en el puesto unos meses más.

49. Jubilación… No renuncia

El papeleo gubernamental siempre es engorroso y exigente. Para asegurarme de que había cumplido correctamente con la documentación y formularios, solicité asistencia del principal funcionario administrativo de la Embajada. Una mañana, compartí con él el borrador de mi carta de renuncia al presidente Bush, y le pedí consejo sobre cómo proceder con todo lo demás. Se llevó el borrador a su oficina y regresó esa misma tarde con un anuncio sorpresa: "Embajador, su carta necesita ser revisada. Usted no renuncia, se jubila".

Desconcertado, le pedí que me explicara. Resultó que los muchos años que había trabajado para el gobierno federal, sumado a mi edad, me hacían elegible para la jubilación como empleado federal. Me sorprendió tanto que le pedí que revisara las normas para evitar un error administrativo. De hecho, él estaba completamente seguro de mi estatus.

Y así fue. Modifiqué mi carta de renuncia al presidente Bush, reescribiéndola como una carta de jubilación. Al entregar el documento firmado, recibí dos instrucciones específicas y claras: primero, durante un año, no podía contactar con la embajada ni con el Departamento de Estado para ningún asunto de negocios; segundo, me entregaron dos sobres de FedEx: uno para devolver los pasaportes diplomáticos de Tere y mío al Departamento de Estado, y el otro para que nos devolvieran, como recuerdo, los pasaportes cancelados. La severidad de esas instrucciones me produjo una extraña sensación, como si se hubiera abierto una ventana, dejando entrar a mi oficina una rápida corriente de aire frío.

Una vez confirmada nuestra fecha de salida, el martes 20 de enero, Tere y yo nos sentamos a enumerar todos los asuntos pendientes en nuestra agenda; ¡había mucho que hacer! Cuatro años antes, me había propuesto realizar visitas significativas a los cuatro rincones de España, y conocer a tantos españoles como fuera posible, asegurándome de que, ellos a su vez, conocieran mejor a mis Estados Unidos. Nos dimos cuenta de que, salvo un par de provincias, habíamos estado en casi las cincuenta. Con ansias de completar el ciclo, hicimos planes para visitar las provincias restantes antes de nuestra partida. Me alegra decir que logramos nuestro objetivo con un par de semanas de margen.

También enumeré con mi equipo a todos los funcionarios gubernamentales y otras personalidades importantes a quienes debía visitar para expresarles mi agradecimiento por su cooperación con nuestra embajada y la amistad que me brindaron. Nuestro corto peregrinaje comenzó y pudimos despedirnos con el correspondiente afecto y respeto. Muchas de aquellas despedidas fueron en el acogedor ambiente de desayunos, almuerzos y cenas, algunas en oficinas, otras en restaurantes, y aún otras en domicilios particulares. Todas esas agradables visitas, sin duda, hicieron que los días pasaran vertiginosamente.

Una de esas visitas de despedida fue al decano del Cuerpo Consular de España, el nuncio apostólico Manuel Monteiro de Castro, con quien había desarrollado una estrecha amistad y discreta relación de colaboración diplomática. Unos días antes de nuestra partida, el nuncio apostólico Monteiro nos invitó a Tere y a mí a la Nunciatura. En una capilla lateral, en una ceremonia privada, elogió nuestra fructífera colaboración y me sorprendió con la investidura, otorgada por la Santa Sede, de la muy selecta Orden Ecuestre Pontificia de San Gregorio Magno, con grado de Caballero de la Gran Cruz. ¡Un grandísimo honor!

Mi visita oficial de despedida al rey Juan Carlos I, al presidente Zapatero, y al ministro de Asuntos Exteriores Moratinos me permitió repasar algunos de los avances que habíamos logrado desde nuestros encuentros iniciales, y manifestar mi agradecimiento por su disposición para encontrarme a más de la mitad del camino, en reparar nuestras relaciones bilaterales.

Unas semanas antes de nuestra partida, Tere y yo viajamos al País Vasco para pasar un grato rato privado con mi familia vasca en Muskiz —Belén, Maite, Maika y Lorena Aguirre— junto con una docena de queridos primos segundos y terceros, incluyendo a Luis Pastor, quien posteriormente se casó con Maite. Durante nuestra estancia en la embajada, les habíamos visitado con la mayor frecuencia posible, ellos también aceptaron nuestra hospitalidad pasando unos días en nuestra residencia. Su cariño por nosotros siempre ha sido incondicional. No les importaba si éramos embajadores o ciudadanos comunes. Tere y yo les correspondíamos completamente con nuestro cariño y lealtad.

Cuatro días antes de nuestra partida, el 16 de enero de 2009, mi distinguido amigo, el general Félix Sanz Roldán, me invitó al Cuartel General del Ejército para una comida de despedida. Allí evocamos experiencias compartidas y hablamos de la sólida relación que se había forjado en solo cuatro años entre España y Estados

Unidos. Félix elogió mi papel como embajador y me sorprendió nombrándome Cazador de Montaña Honorario, en el Regimiento de Cazadores de Montaña "América" 66, una fuerza de élite con una rica historia, que incluye la lucha junto a nuestras tropas durante la Guerra de Independencia de Estados Unidos. Como parte de la privada ceremonia, tuve el honor de ser investido con la boina verde, propia de los miembros de ese histórico regimiento.

50. Mi regreso al sector privado

Reconociendo que llevaba ocho años alejado del sector privado, tracé un plan de acción para reincorporarme al mundo empresarial. Acababa de cumplir sesenta y tres años y no me interesaba encontrar un trabajo tradicional. En cambio, sentía que mi experiencia bancaria y corporativa, sumada a mi amplia experiencia en diferentes aspectos del gobierno, me convertiría en un valioso consultor para futuros clientes multinacionales. Había un par de docenas de multinacionales españolas con una importante presencia en Estados Unidos, y tenía la intención de explorar esa opción con sus altos ejecutivos, muchos de los cuales conocía personalmente. Sin embargo, antes de iniciar tales conversaciones, debía de meticulosamente evitar cualquier conflicto de intereses, real o aparente.

Así pues, elaboré una lista de posibles candidatos corporativos a los que pretendía contactar, y la envié junto con una carta de explicación a la oficina legal del Departamento de Estado. En la carta, indicaba la probabilidad de contactar con las empresas mencionadas, para explorar futuras oportunidades personales de negocio; también manifesté mi disposición de abstenerme, durante el resto de mi mandato como embajador, de cualquier contacto oficial o de índole general relacionado entre la embajada y dichas empresas. En mi correspondencia, envié una copia al DCM, a mi jefe de Gabinete, y a mi asistente de oficina, Irene Buentello. Por escrito les instruí que me aislaran de cualquier comunicación entrante de dichas empresas, y que dicha comunicación fuera remitida directamente al DCM para su consideración y resolución. El despacho legal acusó recibo de mi correspondencia, y me dio la libertad de proceder éticamente, tal como yo pretendía.

Durante las semanas siguientes, visité a ejecutivos de algunas de las empresas de la lista para determinar su interés en mis servicios de consultoría y evaluar mi afinidad con sus respectivas estrategias de negocio y estilo de gestión. A finales de 2009, algunas de esas visitas resultaron ser exitosas, generando oportunidades de consultoría con varias empresas y dos puestos en los consejos de filiales estadounidenses de multinacionales españolas: Iberdrola Renovables (Avangrid Renewables), líder en soluciones optimizadas de energías renovables, liderada por su visionario CEO, Ignacio Sánchez Galán; y BBVA, un grupo financiero global que en aquel entonces desarrollaba una importante presencia bancaria regional en Estados Unidos, y cuyas operaciones diarias estaban dirigidas por un excelente banquero, Ignacio Goirigolzarri.

Además, me asocié con mi amigo y exsocio Michael Petrucelli para crear Atlantic Partners Group, LLC., una consultora especializada en asesoramiento estratégico, geopolítico y empresarial a clientes en Estados Unidos, México y la península Ibérica. Me sentí aliviado al notar que, después de mi largo período en el gobierno, habría generación de un flujo de ingresos suficiente para permitir que Tere y yo mantuviéramos un cómodo estilo de vida.

51. Misión cumplida

Me enorgullece decir que, gracias a Dios, Tere y yo pudimos cumplir la misión que el presidente Bush nos había encomendado tres años y medio antes. Con la ayuda de un equipo capaz y dedicado, y la buena disposición de nuestros interlocutores españoles, pudimos reparar, mejorar y normalizar las relaciones diplomáticas, comerciales, culturales y militares entre nuestros dos países. En 1.300 días (unos tres años y medio), tuve la oportunidad de conocer más de España que muchos españoles en toda su vida. Pronuncié aproximadamente doscientos cincuenta discursos ante públicos muy diversos y concedí innumerables entrevistas a los medios de comunicación, lo que mejoró significativamente la imagen favorable de Estados Unidos entre los españoles. Fue un trabajo exigente, pero sumamente gratificante intelectual y emocionalmente. Estoy convencido de que solo en Estados Unidos habría podido representar a mi país adoptivo en una posición tan elevada. ¡Qué país!

El 14 de enero de 2009, seis días antes de nuestra partida, ofrecimos una recepción de despedida en nuestra residencia. La asistencia fue muy concurrida y me brindó la oportunidad de públicamente pasar el testigo a mi DCM, Arnold Chacón. Además, pude proyectar una sensación de la ordenada transición que pronto tendría lugar en Washington, D.C., con la consiguiente fluidez en las relaciones bilaterales entre España y Estados Unidos. Aproveché para expresar mi gratitud al presidente Bush por la confianza depositada en mí y para recordar a los presentes nuestra conexión ancestral con España, nuestras raíces cubanas y nuestro amor por nuestro país adoptivo, los Estados Unidos de América. Reconocí el significativo progreso que habíamos logrado en nuestra compleja relación con España, testimonio de sentido común, buena voluntad mutua, y nuestros valores fundamentales compartidos. Nuestra relación era productiva, había madurado y se centraba en promover nuestros intereses comunes. Recordando las instrucciones que me dio el presidente Bush en el Despacho Oval, me sentí seguro al declarar: "Misión cumplida". Terminé mis comentarios como termino la mayoría de mis discursos: "¡Dios bendiga a Estados Unidos!"

Como estaba previsto, el martes 20 de enero de 2009 nos abrazamos y nos despedimos de nuestro personal doméstico, excepto de uno, Fabio Romero Julio, quien había conseguido una visa de trabajo de cinco años, y se uniría a nuestra familia en Houston. En el aeropuerto, nos dieron acceso a la misma sala vip a la que llegamos. Allí, nos rodearon Arnold Chacón y los jefes de todos los departamentos de la embajada. Observé con agrado que el embajador Raimundo Pérez-Hernández, representante del gobierno español, estaba allí para despedirnos. En medio del bullicio y la emoción del momento, Raimundo me tomó aparte y discretamente nos pidió a Tere y a mí que le devolviéramos nuestras tarjetas de inmunidad diplomática. En ese preciso instante, sentí un abrupto golpe de realidad, pasando de un "¿Quién es quién?" a un "¿Quién es él?".

Mientras el avión avanzaba a toda velocidad por la pista para despegar, le comenté a Tere que George W. Bush seguía siendo presidente por pocas horas más, pero que ya no lo sería cuando aterrizáramos en Estados Unidos. Habíamos servido a nuestro país hasta el último momento de su presidencia, completando simultáneamente nuestro mandato el mismo día y hora en que él dejó la presidencia. Tere y yo sentimos una profunda sensación de logro, orgullo y patriotismo. Habíamos salido de Houston para emprender nuestro viaje al servicio de nuestro país casi ocho años antes. Ahora, regresábamos a casa y nos regocijábamos por haber servido con honor, habiendo cumplido con una de las mejores experiencias de nuestras vidas.

Unos meses después, visité al presidente Bush en su oficina de Dallas para agradecerle personalmente el haberme permitido servir bajo su liderazgo durante catorce años: seis en la Universidad de Houston y ocho en el gobierno estadounidense. Durante nuestra conversación, empezó a disculparse por enviarme en una misión en solitario sin su participación personal. Inmediatamente disipé sus preocupaciones, afirmando que su ausencia hacía que mi papel de embajador fuera más poderoso e impactante. De hecho, sintiendo el aura constante de su apoyo moral, en España... ¡yo fui Washington!

Imagen 16. Una amistad duradera: Eduardo y el presidente George H.W. Bush en la casa de verano de Bush, Kennebunkport, Maine (2009).

52. *Déjà vu* y WikiLeaks

Regresar a la vida privada en Houston fue fantástico y ajetreado. Tere y yo hicimos algunas reformas en nuestra casa. Acompañé a nuestra hija Tessie al altar para casarse con nuestro maravilloso yerno Andy Uhl. Encontré felices a nuestro hijo Eddy y nuestra querida nuera Rebecca, quienes se habían casado hacía un año y vivían en Houston. Rebecca estaba en su último año de estudio, terminando dos doctorados, uno en ciencia molecular y otro en medicina. Y, por supuesto, también nos reencontramos con familiares y muchos amigos que mostraron alegrarse de nuestro regreso. Mi preocupación por el bienestar financiero de nuestra familia estaba bien fundada; la crisis financiera de unos meses antes había agotado nuestras reservas aún más de mis estimados.

Afortunadamente, nuestra situación financiera mejoró rápidamente gracias a que conseguí un flujo constante de trabajo productivo como consultor y nombramientos en juntas directivas corporativas y cívicas. Tere y yo disfrutábamos del anonimato y la calma de ser ciudadanos privados; por otro lado, yo esquivé la mayoría de las oportunidades de entrevistas con los medios, así evitando expresar mis opiniones sobre asuntos públicos. Afortunadamente, nos estábamos adaptando pronto a una cómoda rutina... ¡o eso creíamos! El destino parecía decirme: "¡No tan rápido, mi amigo!".

Diez meses después de jubilarme del gobierno federal, el 29 de noviembre de 2010, al despertarme leí un correo electrónico personal de mi buen amigo Lino Piedra, quien vivía en su casa de París (una zona horaria siete horas adelante de la mía). Lino me alertó de que el periódico español *El País*, en colaboración con WikiLeaks, había comenzado a publicar una serie de cables secretos de la Embajada de Estados Unidos en Madrid, todos firmados por mí. Esa violación de las comunicaciones privilegiadas de la embajada me resultó extremadamente preocupante. La inoportuna noticia perturbó abruptamente mi tranquilidad y, al final, me quitó más de una noche de sueño.

Un soldado descontento del ejército estadounidense, Bradley Edward Manning, que entonces trabajaba como analista de inteligencia en una base militar iraquí, penetró bases de datos secretos y las divulgó a WikiLeaks, el servicio de información de Julian Assange. Las acciones de Manning violaron la Ley de Espionaje de EE.UU. WikiLeaks reveló 750.000 documentos en varios niveles de clasificación como secretos (SBU); dos tercios eran de índole militar y un tercio eran cables diplomáticos. Más tarde, Manning fue sometido a consejo de guerra, condenado y encarcelado por espionaje. La baza de documentos diplomáticos revelados por WikiLeaks provino de 274 diferentes embajadas, consulados y misiones diplomáticas estadounidenses. Los de la embajada de Estados Unidos en Madrid sumaron un total de 3.620, y abarcaron un período de seis años, de 2004 a 2010. La mayor parte de esos cables diplomáticos fueron enviados durante mi época de embajador y bajo mi nombre. Un porcentaje menor también fue enviado durante los mandatos de los embajadores George Argyros y Alan Solomont, respectivamente mi predecesor y sucesor.

El País (España), *Der Spiegel* (Alemania), *Le Monde* (Francia), *The Guardian* (Reino Unido) y *The New York Times* (Estados Unidos) compraron acceso a la base de datos de WikiLeaks y metódicamente comenzaron a publicar su selección de cables confidenciales de forma regular. Me mortificaba leer en los medios públicos los mensajes que habían sido destinados al consumo confidencial de funcionarios del gobierno en Washington, D.C. Cada día que leía la interminable cadena de los cables publicados, mi sensación de alarma daba paso a un sentimiento de alivio, al reconocer que, si bien los cables nunca deberían haberse publicado, la información y el formato de redacción no eran despectivos para el personal de la embajada ni para mí; en verdad, todo lo contrario. En cualquier caso, el paliativo de cada día se transformaba en la ansiedad de esa noche, ya que nunca sabía qué sorpresas me traería el día siguiente.

A continuación, presento una reducida selección de reportes publicados en la prensa española:

20 Minutos, 6 de diciembre de 2010, 14:24 h

Los documentos secretos de la Embajada de Estados Unidos en España dedican al presidente del Gobierno y a distintos integrantes del Ejecutivo varias perlas que han sido filtradas desde Wikileaks [*sic*], a través de *Elpais.com*.

Así, el antiguo embajador Eduardo Aguirre, decía de Zapatero en otro informe "secreto": "Es un político astuto con una asombrosa habilidad, como un felino en la jungla, para oler las oportunidades o el peligro. Es peligroso minusvalorarle, como muchos de sus enemigos pudieron comprobar demasiado tarde. Al tomar decisiones y formular su política, apela a su audiencia interna, especialmente a los votantes de fuera de Madrid, a cuyos habitantes ve como gente aislada en sus asuntos y alejada de las preocupaciones y opiniones de la mayoría de españoles. Él se dirige más al gallinero que a los de la primera fila. Pelea continuamente por el apoyo de uno o dos millones de votantes indecisos o abstencionistas. No hay un solo tema en el que Zapatero sacrifique su punto de vista; siempre pone sobre la mesa todas las opciones para conseguir sus objetivos políticos a corto plazo" (ya en el informe de junio de 2009).

"Zapatero se ha enfrentado a un tortuoso aprendizaje de la política exterior, pero ha desarrollado una amplia visión estratégica para detectar las consecuencias en las interrelaciones y la causa/efecto de las acciones de su Gobierno. Hoy está bien informado de los temas. Es brillante y consigue lo mejor incluso de los detractores que le minusvaloran". "No es un político de convicciones políticas, pero sin duda comprende a los españoles y apoyará cualquier política que les resulte atractiva, convenga o no a los intereses de Estados Unidos".

"Está bien preparado en los temas fundamentales. Le gusta el diálogo y el intercambio de ideas. Lleva mal que le den clases de algo, y cortará la conversación si percibe que eso ocurre. No se le debe arrinconar políticamente ni hacerle emboscadas en público. Dale espacio y escuchará tus ideas. Si hay diferencias, mejor discutirlas a puerta cerrada. Conviene tener líneas abiertas con su equipo, que tiene acceso a él en todo momento. El Gobierno de EE.UU. tiene que mantener y cultivar más el acceso a las personas que tienen contacto con Zapatero".

Al hilo de la visita a Madrid en junio de 2007 de la secretaria de Estado de la época, Condoleezza Rice, el embajador Aguirre destaca de nuevo el escaso interés del presidente por la política internacional. "Zapatero actúa de cara a una base de izquierdas y pacifista, y utiliza la política exterior para ganar puntos en política interior más que para prestar atención a prioridades de la verdadera política exterior o participar en objetivos estratégicos más ambiciosos".

Por su parte, el presidente del Gobierno, José Luis Rodríguez Zapatero, ha subrayado este lunes que las filtraciones que se están conociendo estos días a través de Wikileaks [*sic*] deben merecer "un juicio de preocupación", sobre todo en cuanto al funcionamiento de los servicios de seguridad de los Estados.

"El Rey [*sic*] puede ser un formidable aliado".

"El Rey [*sic*] don Juan Carlos tiene una buena disposición hacia EE.UU., pero siempre actuará en beneficio de lo que él perciba que son los mejores intereses de España", dice a principios de 2009 el entonces embajador, Eduardo Aguirre. "Donde los intereses de España y EE.UU. coinciden, el Rey [*sic*] puede ser un formidable aliado".

"En las reuniones", narra Aguirre en ese documento "secreto", "el Rey [*sic*] intentará cautivar a sus interlocutores rebajando el nivel de formalidad y protocolo para hacerles sentirse cómodos, para así tratar de llevar las riendas de la relación. Lo mejor es ponerse a la altura de la jovialidad y el tono de broma y no sentirse intimidado por su aura. Si le replicas con jovialidad y algún juego de palabras, te ganarás su respeto".

Moratinos, "Bienintencionado, aunque egoísta".

Miguel Ángel Moratinos, ministro de Exteriores entre 2004 y 2010, no cae muy bien en EE.UU. "No es el más brillante miembro del Gabinete, pero sí un gestor responsable al que debería tomarse en serio. Es bienintencionado, aunque egoísta" destaca de él el informe "secreto" de enero de 2009 previo a la marcha del embajador Aguirre. "Su lealtad es con España, más que con Zapatero o con su propia carrera. Se siente motivado de forma idealista para hacer lo correcto. El embajador desprecia las especulaciones de hace tiempo de que Zapatero prescindiría de él". —No fue relevado hasta septiembre de 2010—.

"En las reuniones", se cuenta en el informe, "Moratinos intenta a menudo abrumar o mostrarse bravucón con sus interlocutores, en un intento por establecer una posición negociadora superior. Moratinos es dado a gritar a los embajadores extranjeros y castigarlos a la menor oportunidad para ponerlos en su sitio. Es una táctica que ya ha provocado que muchos embajadores se fueran con el rabo entre las piernas".

"Rubalcaba es muy capaz y serio, y también encantador".

El 9 de junio de 2009, la embajada informó del viaje que el entonces ministro de Interior y hoy vicepresidente, Alfredo Pérez Rubalcaba, preparaba para el 23, 24 y 25 de ese mes a Washington. "Rubalcaba es muy capaz y serio, y también encantador", dice el informe. "Es el más impactante miembro del Gobierno Zapatero y resulta un aliado muy útil y poderoso. Su influencia excede los parámetros normales de su ministerio".

Y añade: "Es conocido por su inteligencia, discreción, laboriosidad, cuidadoso con los detalles y gran negociador". "Es uno de los dos o tres personajes a los que Zapatero consulta antes de tomar decisiones importantes, y no solo sobre asuntos que le competen directamente como ministro". "Es un valioso contacto de la embajada, que lo considera accesible y eficaz a la hora de conseguir cosas a nuestro favor". En el mismo informe "confidencial", la embajada recomienda a los interlocutores de Rubalcaba en EE.UU. que le presionen para que envíe guardias civiles y/o policías a Afganistán.

El País, 4 de diciembre de 2010, 22:47 h

JOSÉ BLANCO | Ministro de Fomento | Cómo nos ven los estadounidenses

Sobre Blanco: "No fiable. Dejó mal sabor de boca".

Blanco es considerado un elemento muy importante en la ecuación para mantener unas fuertes relaciones bilaterales.

"Zapatero le consulta los temas políticos. El embajador describe a Blanco como un elemento muy importante en la ecuación para mantener unas fuertes relaciones bilaterales. Debe mantenerse el contacto con él para continuar enviando mensajes a Zapatero", se dice textualmente del actual ministro de Fomento en un informe de enero de 2009, cuando el embajador Eduardo Aguirre está a punto de dejar el puesto.

"Sin embargo", añade el documento "secreto", "Blanco ha dejado un mal sabor de boca a algunos interlocutores americanos en el pasado, para los que era especialmente una persona no fiable. Blanco tiene una indefectible idiosincrasia particular: no mira a los ojos de sus interlocutores cuando estrecha la mano. Más aún: tiene fama de ser muy rudo en temas políticos, algo con lo que aparentemente disfruta".

El País, 6 de diciembre de 2010, 14:19 h

La Embajada de Estados Unidos en Madrid ofreció a Washington una visión franca del temperamento y la personalidad de José Luis Rodríguez Zapatero y de los miembros de su Gabinete en una serie de cables diplomáticos secretos que forman parte de las filtraciones de Wikileaks [*sic*].

La misión estadounidense ofrece descripciones, a veces claramente poco halagadoras, del ministro de Fomento, José Blanco; del entonces ministro de Asuntos Exteriores, Miguel Ángel Moratinos, a quien califica de "egoísta"; y de la ministra de Defensa, Carme Chacón, a quien describe como "políticamente inmadura". El viceprimer ministro, Alfredo Pérez Rubalcaba, y Bernardino León, secretario general de la Presidencia, a quien se le denomina "el niño mimado del Gobierno", reciben elogios del embajador estadounidense, Eduardo Aguirre, quien sirvió en Madrid entre 2005 y 2008. Aguirre es el autor de la mayoría de los expedientes que envió a sus superiores en Washington como sus "reflexiones de despedida" antes de dejar el cargo.

Leer esos y otros similares inconvenientes reportes, que debieron haberse mantenido secretos gubernamentales, me suscitó gran intranquilidad. Tratando de anticipar lo peor, me devané los sesos tratando de recordar qué información o comentarios dañinos o embarazosos podrían haber estado incluidos en esos cables enviados a través de canales confidenciales durante los 1.300 días que serví como embajador; un esfuerzo fútil, porque no me vino a la mente nada inapropiado. Frustrado, pensaba: "Apenas puedo recordar lo que dije o hice la semana pasada. ¿Cómo voy a recordar lo que pasó o escribí hace cuatro años?".

Como era de esperar, un pequeño grupo de periodistas, algunos de España y Estados Unidos, y otros de más allá, incluso de Colombia, me contactaron solicitando entrevistas para obtener mi opinión sobre las múltiples revelaciones. Pedí consejo a la embajada de cómo actuar, y me aconsejaron que simplemente ignorara las solicitudes. Cumplí con ese consejo a regañadientes, ya que no es mi estilo ignorar a los medios de comunicación.

Frustrado, consulté con mi amiga y excolaboradora de la embajada en Madrid, Ica del Real, quien se había jubilado de la embajada y posteriormente se había mudado a Washington, D.C. Durante sus muchos años en España, Ica había desarrollado contactos excepcionales con los medios españoles, siempre gozando de una excelente credibilidad ante ellos. Tras una larga conversación, Ica y yo acordamos que "sin comentarios" no era una respuesta satisfactoria. En su lugar, decidimos que debía emitir un comunicado explicando por qué no podía responder a las preguntas. Ica me ayudó a redactar el siguiente comunicado de prensa, que se envió a los medios el 13 de diciembre de 2010:

NOTA DE PRENSA DE EDUARDO AGUIRRE

(Embajador de EE.UU. en España 2004-2008)

SOBRE LAS FILTRACIONES DIPLOMÁTICAS.

He autorizado a mi antigua jefa de prensa en la Embajada, Ica del Real, como punto de contacto en estos asuntos. A continuación, encontraran cómo contactarla si así lo desean.

XXXXXXXXXX

XXXXXXXXXX

===

Hace apenas 2 semanas que masivas filtraciones de comunicaciones internas del Gobierno de EE.UU. fueron compartidas con la prensa mundial. Como es natural, España no ha sido una excepción. Un buen porcentaje de dichos mensajes entre la legación de EE.UU. en Madrid y su gobierno, abarca el período durante el cual tuve el honor de ser el embajador de mi país en España. Aparte del disgusto que este proceso me causa en lo personal, me da pena ver el daño ocasionado a personas, entidades, gobiernos y países en ambos lados del Atlántico.

Varias entidades mediáticas me han ofrecido la oportunidad de exponer mis puntos de vista; invitaciones que no puedo aceptar. En contraste con la irresponsabilidad de las filtraciones en cuestión, mi compromiso con mi país de adopción (personal, legal y profesional) no me da la correspondiente autonomía para ampliar o profundizar sobre esas filtraciones.

Durante mi época como embajador en España, hice todo lo posible por ponerme al alcance de la prensa, tratando de responder con seriedad y profundidad a sus preguntas y solicitudes. Por ende, me desagrada no poder participar en la polémica donde mi nombre surge con tanta frecuencia y, por lo menos, matizar los asuntos. Cuando terminó mi período de servicio en el gobierno de EE.UU., rechacé escribir un libro para mi beneficio económico; entonces y ahora, me pareció inapropiado compartir u opinar sobre asuntos y conversaciones que no deben de ser compartidas públicamente.

Sin embargo, comprendiendo el interés que esos documentos han despertado respecto a la diplomacia de EE.UU. en España, quisiera aclarar genéricamente los comentarios que van surgiendo a diario. Como embajador siempre, mis funciones y deberes, fueron representar los intereses de EE.UU. en España; y simultáneamente, comunicar y esclarecer a mi gobierno, los intereses de España en asuntos de interés común.

El típico vehículo para dichas comunicaciones desde la Embajada son cables cifrados, con evaluaciones y análisis confidenciales, sin acceso a personas no autorizadas. Cabe aclarar que los cables en cuestión siempre salen "firmados" por quien encabeza la legación el día que se envía el cable (usualmente el embajador, a menos que esté fuera del país). La razón de ese protocolo es para que los cables reflejen el mensaje de la Misión, y no necesariamente la opinión de un diplomático en particular.

Finalmente, quiero mencionar que España ha sido un relevante y constante elemento cultural y personal a través de mi vida. Es claro que las circunstancias de proximidad y convivencia agudizaron esa relación durante los años que viví en España, donde pasé mi vida como diplomático. Al partir, casi cuatro años después, dejé atrás entrañables amistades, y sentimientos de cariño para una España que aprendí a querer y apreciar. Con el tiempo, esos sentimientos se han afianzado aún más y perdurarán por el resto de mi vida.

Enviar ese comunicado de prensa me dio la falsa sensación de haber recuperado algo de control sobre mi situación. Pude reemplazar el "sin comentarios" por un mensaje que no abordaba específicamente el contenido de ninguno de los cables, pero que explicaba la razón de mi silencio. A partir de entonces, pude responder cortésmente a cada solicitud de un periodista compartiendo una copia del comunicado.

Después, Ica y yo esperamos con poca paciencia la reacción de los medios. No tuvimos mucho que esperar. Por ejemplo, al día siguiente, el diario español *El Correo Gallego* publicó el siguiente análisis:

El embajador Aguirre

Pilar Cernuda

El Correo Gallego, 12 de diciembre de 2010, 21:37 h

Llegó en el 2006 hablando un correctísimo castellano, lógico en quien se apellida Aguirre y cuenta con origen cubano, y el embajador de Estados Unidos se hizo pronto con el cotarro.

Era y es campechano, abierto, más latino que anglosajón a pesar de que representaba al país que considera a los *wasp* —*white, anglo saxon, protestant*— como la gente de primera categoría, y estos días vuelve a la actualidad por obra y gracia de Julian Assange y los papeles de wikileaks [*sic*]. Tras la lectura de su contenido se llega a una conclusión fácil: Eduardo Aguirre era —es— un genio. Un genio por su capacidad de desatar la lengua de sus interlocutores, que aparentemente acudían a sus citas con el embajador con una disposición mejor que si se encontraran ante un confesor, ante el padre espiritual al que hacen depositario de sus más íntimas confidencias.

En lugar de crucificar a Eduardo Aguirre, habría que ponerle un monumento. Desde luego por su lealtad al gobierno que servía, el de Bush, los documentos puestos en circulación por Assange demuestran que se ganaba el sueldo, no paraba de organizar, convocar, citar, asistir y promover actos sociales de diversos tipos que le permitían establecer contacto directo y sobre todo constante con las personalidades españolas más influyentes en todos los sectores sociales, no solo los políticos. Y en su lealtad a Bush y al Departamento de Estado, contaba todo lo que conocía en estos encuentros. Absolutamente todo, podría decirse sin temor a equivocación que Aguirre era capaz de averiguar qué se cocía en la trastienda del gobierno y también los chismes más destacados del Reino. Su capacidad de lograr la confianza de quien tenía enfrente, de lograr que destapara sus secretos profesionales mejor guardados, pero también los más íntimos, es digna de elogio. Muchos periodistas habrían pagado lo que fuera por conseguir que sus interlocutores de alto nivel se expresaran con tanta confianza como lo hacían con el embajador de Estados Unidos, sabiendo como estaban obligados a saber que un embajador, siempre, en todo lugar y de todo país al que represente, está obligado a trasladar a sus superiores todo lo que conoce. Relevante y no relevante, porque los responsables de la *inteligentzia* saben calibrar perfectamente el alcance o las posibles consecuencias de lo que aparentemente no es más que un chisme de alcoba, un golpe de suerte en los negocios o un comentario de personal de un ministro sobre un compañero.

Aguirre consiguió que Rubalcaba y Bono le hablaran abiertamente de en qué había que ceder durante las negociaciones con ETA, que Aznar le confesara que no cerraba del todo la posibilidad de regresar un día a la política activa, y en sus conversaciones con unos y con otros llegó a conclusiones absolutamente acertadas: Zapatero es un hombre astuto, pero políticamente mediocre; Rubalcaba, un fuera de serie; Bono, muy mediático; Chacón, lista pero inmadura; Blanco, desconfiado... Lo dicho: Aguirre merece un monumento. Por su perspicacia y por su habilidad para hacer "cantar" a quien tiene delante.

Como siempre ocurre, tras varias semanas de incesantes revelaciones, la fuente se secó y los medios de comunicación pasaron a otros temas de interés. Recordé el refrán español, "la sangre no llegó al río". Me sentí aliviado de que no hubiera más secretos que revelar, y de que la atención pública finalmente se hubiera desviado lejos de mí y de mi antigua embajada. Por muy perjudicial que WikiLeaks fue para Estados Unidos, curiosamente, resultó ser extrañamente beneficioso para mí. Los lectores en España se enteraron de que, durante mis casi cuatro años como embajador, mi embajada había estado extremadamente ocupada al servicio de nuestro país, ¡enviando un promedio de más de cuatro cables cada día laborable! El contenido de los cables indicaba que nuestros informes a Washington eran precisos, perspicaces, y útiles al servicio de nuestra misión. Demostraba que nuestros esfuerzos diplomáticos tenían como objetivo construir una relación de confianza y colaboración con España. Además, el contenido de los cables demostraba que trabajábamos constantemente para lograr un resultado beneficioso tanto para Estados Unidos como para España.

Durante y después de las revelaciones, amigos y conocidos me contactaron para elogiar mi capacidad para evaluar con precisión la situación política en España y retratar a los líderes y el sistema político español, para bien o para mal, tal como ellos eran en la realidad. Habría preferido que no hubiera ocurrido, pero personalmente, mi reputación como un eficaz embajador "extraordinario y plenipotenciario" se había expuesto y reforzado por esas circunstancias tan inesperadas. Al fin de cuenta, comprobé que ¡hice lo correcto!, y que ¡consecuentemente, todo salió bien! ¿Quién hubiera imaginado que, al final, WikiLeaks me brindaría la extraña oportunidad de una última vuelta triunfadora en el ruedo?

53. ¡Mi extraordinaria trayectoria americana!

Al concluir este libro, hago una pausa para agradecer a Dios por nuestros maravillosos Estados Unidos de América. En este, mi país adoptivo, he podido encontrar la libertad y, en busca de la felicidad, ¡la he encontrado!

Reconozco que mi trayectoria por América, como dice la canción de los Beatles, me ha llevado por un largo y torcido camino. Mi vida ha sido un largo y extraordinario viaje, sobre un camino pavimentado con muchos sueños, algo de sufrimiento, y muchísimas oportunidades. Felizmente, ahora ese emocionante camino continúa por nuevos senderos, dándome la oportunidad de vivir nuevas experiencias, mientras Tere y yo nos regocijamos viendo crecer y prosperar a nuestros hijos y nietos.

Siguiendo las palabras del poeta americano Robert Frost, aún no he terminado, porque todavía "tengo promesas por cumplir, y kilómetros por recorrer antes de dormir".

¡Dios bendiga a América!

54. Expresiones de gratitud

Como en cualquier memoria de esta índole, con demasiada frecuencia he tenido que usar mi pronombre en primera persona, lo que me ha hecho aparecer desacostumbradamente inmodesto. Lo cierto es que no sería la persona que yo soy, ni habría podido alcanzar las inesperadas alturas en mi carrera empresarial o profesional, sin el apoyo e inspiración de mentores, amigos, y socios tan talentosos como afectuosos.

Relaciones con amistades y personajes

Como ya he mencionado en páginas anteriores, mi familia y su bienestar han sido mi principal y constante motivación personal. Dicho esto, a lo largo de mi vida, las amistades han sido una parte importante y placentera de mi vida. He aprendido que no se puede elegir a la familia; sin embargo, sí se puede elegir a los amigos. Desde la escuela, he conocido a personas que congenian con mi personalidad, sentido del humor, y percepción del bien y del mal. De vez en cuando, surge una relación que a veces madura y se cristaliza en confianza, aprecio y respeto mutuo; quizás se convierta en una amistad que dure toda la vida.

He llegado a comprender que las amistades, como los jardines, necesitan ser cultivadas y cuidadas para que florezcan al máximo. Por eso, intento mantenerme en contacto con mis amigos tanto como puedo, sobre todo si me doy cuenta de que están pasando por un momento difícil. Afortunadamente, el internet, los mensajes de texto, el correo electrónico, y los teléfonos móviles me han sido muy útiles.

Rara vez desarrollo una relación cercana con alguien, cuya personalidad tiende a ser negativa, pesimista, inconformista, mezquina, egocéntrica, o polemista. Me inclino fácilmente hacia las personas bilingües (inglés-español) y multiculturales, quizás por tener similares antecedentes.

La primera edición de mi libro fue publicada en inglés. En él enumeré diversos grupos de amigos que, a través de los años, tuvieron un favorable impacto en mi vida, y a quienes quise reconocer en mi memoria. Sin embargo, reconozco que esos relatos, aunque quizás relevantes para una audiencia americana, sean de menor interés para lectores españoles o latinoamericanos. Por lo tanto, en esta sección cambiaré mi enfoque y dedicaré los próximos párrafos a algunas buenas relaciones creadas durante mis años de embajador en España.

Durante mi estancia en España, tuve la fortuna de forjar muchas amistades maravillosas, algunas pasajeras y otras perdurables. Algunas de esas relaciones han sido entrelazadas en los relatos de este libro; sin embargo, para que la narrativa fluyera lo mejor posible, muchas las he pospuesto para más adelante, en esta sección.

Bernardino León y su esposa, Regina Reyes, merecen una mención especial. Bernardino fue secretario de Estado del ministro Moratinos de Asuntos Exteriores y posteriormente asesor de Seguridad Nacional del presidente Zapatero. Es un estadista notablemente capaz y astuto. Valoro mucho su amistad, al igual que la que forjamos con su esposa Regina, una notable ejecutiva que se destacó por muchos años en la multinacional Iberdrola.

Durante mi época de embajador, dos ilustres militares se convirtieron en mis confiados y apreciados amigos: el general Félix Sanz Roldán, jefe del Estado Mayor de la Defensa (JEMAD), la mayoría de mi época de embajador, después asesor especial de la presidencia, y más tarde director del Centro Nacional de Inteligencia. Y, Sebastián "Chani" Zaragoza Soto, jefe de Estado Mayor y almirante general de la Armada (AJEMA). Félix y Chani me han demostrado su entrañable amor a España y también sus deseos de ser buenos aliados de EE.UU. Con ambos y sus respectivas esposas, Pilar Justel y Micaela "Elita" Ruiz Navarro, Tere y yo hemos pasado inolvidables horas de expansión. Los queremos mucho.

Siempre me sentí a gusto en la compañía del expresidente José María Aznar y su esposa Ana Botella. El presidente Aznar me ayudo a descifrar incógnitas políticas españolas, que hasta entonces estuvieron fuera de mi alcance. Es claro para mí el mutuo respeto y afecto que entrelaza a los presidentes Bush y Aznar. Similarmente, tuve muchas conversaciones profundas y apasionantes con el expresidente de España, Felipe González, uno de los estadistas internacionales mejor informados y más cautivantes que he conocido. Por variado o complejo que fuera el tema, él siempre me demostró su dominio del asunto sobre la mesa.

Con los ministros Alfredo Rubalcaba y José Antonio Alonso pude transcender de tener una relación seria y profesional, a una que se extendió a mutua confianza y amistoso respeto. Ambos eran extremadamente inteligentes y sagaces. Nuestras conversaciones de colaboración para el beneficio de nuestros respectivos países siempre me impresionaron en su profundidad y estrategia.

Aunque en previa ocasión mencioné a Jorge Montes del Pino y su esposa Lucía Muguruza Garteizgogeascoa, vale bien repetir lo mucho que Tere y yo les apreciamos. Con ellos hemos pasado innumerables horas de gozo familiar que nunca olvidaremos. Ellos cuentan con un extenso círculo de amistades, con las cuales hemos compartido fabulosas cenas y tertulias.

Otros que quiero destacar como amigos especiales son Arturo Fernández Álvarez y su esposa Elena Rute. Arturo es un multifacético empresario madrileño que siempre nos ha favorecido con su amistad, lealtad, y buen humor. Tere y yo tenemos en muy alta estima nuestra amistad con Arturo y Elena.

Jaime Malet y su esposa, Silvia Sorribas, son más que merecedores de mi reconocimiento y afecto. Durante muchos años, Jaime, un exitoso abogado y empresario, ha presidido hábilmente la Cámara de Comercio Americana en España, un cargo que le permite ser excepcionalmente influyente y conocedor de los negocios y el gobierno. Desde mi llegada como embajador, Jaime me ofreció su amistad, su perspicacia, y el beneficio de un excelente asesoramiento. Él y Silvia siguen siendo leales y preciados amigos.

Siendo España un gran país en el desarrollo y elaboración vinícola, es lógico que nos adentráremos en ese complejo y fascinante mundo. Las familias vinicultoras tienden a ser gente de la tierra, y siempre nos recibieron con los brazos abiertos. Visitar diferentes bodegas nos permitió establecer buenas amistades con los muchos productores de vino y enólogos que nos dieron la bienvenida a la intimidad de su complejo y maravilloso mundo de la elaboración del vino. Con dos de ellos en particular forjamos perdurables vínculos de amistad:

José Manuel Ramos-Paul Ruano y su esposa Pilar Martínez-Mejías Laffitte, queridos amigos y propietarios de la finca de ensueño El Chantre en Ronda, donde producen espectaculares vinos, codiciados internacionalmente, y donde nos recibieron como anfitriones enormemente cariñosos.

José Manuel Pérez Ovejas y su esposa Silvia Ortega, propietarios del galardonado vino de Rivera del Duero, Dominio de Calogía, así como su familia, los hermanos Pérez Pascuas, propietarios de la reconocida y galardonada Bodegas Hnos. Pérez Pascuas, y su vino Viña Pedrosa. Con ellos vendimiamos entre sus viñedos, bajo el sol de Ribera del Duero, disfrutamos de entrañables comidas de cordero lechal, y compartimos gratos e inolvidables ratos. Por su recomendación fui invitado a ser cofrade de Honor en La Cofradía de Vinos de Ribera del Duero.

José Ramón Estévez Puerto y su esposa María Luisa "Marisa" Cuñado de Azcárate, nos llevaron de la mano a conocer el fascinante y complejo mundo de los variados vinos de Jerez.

Un constante factor en la embajada fue la incomparable atención médica brindada por el Dr. José Ignacio "Cholo" Peralba, apoyado por su selecto equipo de profesionales. Cholo se destacó por su excelencia médica, así como por su empatía y atención con el personal de la embajada y sus familias. Mucho más allá de nuestra relación profesional, Tere y yo apreciamos la cercana amistad que tenemos con Cholo y su esposa Ana.

Poder contar con la confianza y la amistad de notables capitanes de industria, y líderes políticos españoles fue un valioso beneficio de ser embajador. Apreciamos mucho los agradables ratos que pasamos con el visionario global de energía, Ignacio Sánchez Galán y su esposa Isabel; con el internacionalmente reconocido banquero, José Ignacio Goirigolzarri y su esposa Isabel; y con el digno patriota y notable líder corporativo, Josu Jon Imaz. Tuve serias sesiones de trabajo y también excelentes momentos de esparcimiento con los líderes del Grupo Santander, el icónico banquero Emilio Botín, su incomparable hija Ana Patricia Botín, y los hermanos Juan y Matías Rodríguez de Inciarte. Siempre fui bien recibido por Isidro Fainé Casas, legendario líder de la poderosa e influyente La Caixa.

Fuimos acogidos por las familias de José y Juan Lladó, José Manuel Entrecanales, Rafael del Pino (padre e hijo), el inversor Juan Abelló y su esposa Ana Gamazo, el excepcional líder de El Corte Inglés, Isidoro Álvarez y su esposa María José Guil, por los hermanos sevillanos Javier y Felipe Benjumea, y por Alejandro Aznar Sáinz y su esposa Mónica de Oriol e Icaza, ambos empresarios, y también líderes de las célebres Bodegas Herederos del Marqués de Riscal. Gozamos de la amistad y hospitalidad del incomparable y erudito Plácido Arango.

Apreciamos mejor a Asturias junto al internacionalmente reconocido oftalmólogo Luis Fernández-Vega Sanz y su esposa Victoria "Vicky" Cueto-Felgueroso Botas. En Andalucía, disfrutamos en el Cortijo La Corchuela de la hospitalidad de Luis Fernández-Ordás, donde nos iniciamos en el mundo de los olivos, los enganches, el acoso y derribo, la Feria de Sevilla, y mucho más. Su hermana Cristina nos acercó al embrujo musical de Los del Río. Pasé unos ratos muy agradables en La Zagaleta con Javier López López, Joaquín Zulategui, y la familia Pérez Flores.

Hemos compartido inolvidables ratos con los hermanos Vega Penichet y sus familias; con Leopoldo Fernández Pujals y su esposa Marilina Vilches; con los promotores de cacerías los hermanos Corsini de La Flamenca, así como Javier Medem y su esposa Almudena, de la finca La Nava. Florentino Pérez, presidente del incomparable Real Madrid, y exitoso empresario internacional, me inició en poder apreciar el encanto del fútbol. Siempre nos sentimos especialmente arropados y queridos por el notable jurista internacional, Antonio Garrigues Walker y su dulce esposa Francisca "Fran" Miranda.

De la mano del empresario teatral Enrique Cornejo, presencié por primera vez las zarzuelas, aunque de niño siempre había apreciado su música. Fui honrado por la hospitalidad de los inimitables restauradores Luis de Lezama Barañano, José Luis Ruiz Solaguren, y Lucio Blázquez, y por sus respectivos equipos de colaboradores; en especial, Joaquín Martínez Mora y Francisco "Paco" Moreno, ambos del Grupo Lezama. En más de una ocasión fuimos agasajados por la duquesa de Alba, Cayetana Fitz-James Stuart, y por su distinguido hijo, el que entonces era el duque de Huéscar, Carlos Fitz-James Stuart, ambos encantadores en su trato y exquisitamente atentos.

Tere y yo nos sentimos especialmente bien acogidos por la presidenta de la Comunidad de Madrid, Esperanza Aguirre, por el alcalde de Madrid, Alberto Ruiz Gallardón, el presidente de Valencia, Francisco "Paco" Camps, el alcalde de Málaga Francisco "Paco" de la Torre, el alcalde de Toledo, José Manuel Molina, y por las alcaldesas de Valencia, Rita Barberá; de Peralta, Sagrario Guinduláin; de Marbella, María Ángeles Muñoz Uriol, y como antes mencioné por la alcaldesa de Pamplona y después presidenta de Navarra, la genial y simpática Yolanda Barcina Angulo. El siempre correcto político catalán José Antonio Duran i Lleida, nos favoreció con su amistad. El arzobispo de Toledo, Antonio Cañizares Llovera, siempre nos manifestó un especial afecto.

Finalmente, quiero reconocer con gran afecto a Francisco "Paco" Bernaldo de Quirós (XX marqués de Bacares, y XXIII conde de la Puebla del Maestre) y a su esposa, Fátima Loring Tassara, quienes nos favorecieron a Tere y a mí con su amistad, generosidad, y excepcional hospitalidad. Estamos por siempre especialmente agradecidos por sus atenciones. Atesoramos los recuerdos que compartimos en su compañía.

Para no abusar más de la tolerancia del lector, muchos otros amigos españoles tendrán que ser omitidos en estas páginas. A todos ellos les ruego que me perdonen.

Durante mi jubilación, continúo obstinadamente en mi perenne búsqueda de jugar bien al golf. Me serena saber que, si bien amo al golf, yo no soy correspondido por él; mi alto hándicap así lo atestigua. Cuando regresé a Houston, me inscribí en el Black Hawk Country Club, donde me uní a un grupo de golfistas los sábados por la mañana que, misericordiosamente, toleran mi poca habilidad. Mientras disfrutamos de nuestras salidas, también disfrutamos de una cordial camaradería.

Valoro especialmente a varios amigos selectos, imposible enumerar cada uno en estas páginas. Algunos han muerto en el camino, mientras que muchos continúan disfrutando de una plena vida. Dicho esto, significativamente, he elegido unos queridos amigos para que, cuando llegue el momento, acompañen mis restos mortales a su destino final: Daniel A. Gramatges, Miguel R. San Juan, Aldo B. Paret, Michael J. Petrucelli, Guillermo Gutiérrez, Lino Piedra, Alfonso Martinez-Fonts, Armando Codina, Mel Martínez, Jorge Castellvi, Sixto Almodóvar, Eric Andell, George Y. González y Richard Esdorn.

Cada uno de ellos, a su manera única, se ha ganado un lugar muy especial en mi corazón, habiendo ocupado un perdurable e importante espacio en mi vida. Me reconforta saber que cuando llegue mi hora, cada uno tendrá la oportunidad de llevarme, literaria o figurativamente, a mi lugar de descanso final.

Finalmente, hablando de amigos, disfruto a diario de las conversaciones en persona o por teléfono con mi mejor y más fiel amigo: mi hermano Luis Gustavo. Lo quiero y lo admiro mucho, y siempre tengo un deseo genuino de conocer sus opiniones sobre diversos temas. Nos visita a Tere y a mí varias veces al año, y ocasionalmente viajamos juntos; disfrutamos muchísimo de nuestra mutua compañía. Por mucho tiempo, Luis ha sido uno de mis héroes.

Motivación, inspiración y estímulo del autor

Estoy profundamente agradecido al catedrático de la Universidad de Houston, Nicolás Kanellos, por su visión y aliento, que hicieron posible la creación de estas memorias. Más que mi editor, editor y amigo, Nick ha sido una inspiración desde su inicio hasta el final.

Mi hijo Eddy, mi hermano Luis Gustavo, mis amigos Jim McGrath (escritor, editor, productor, secretario de prensa de Bush 41 y experto en medios de comunicación) y Michael Petrucelli, a quien se menciona a menudo en estas memorias, me ayudaron de diversas y significativas maneras en mi camino como escritor. El distinguido autor y embajador Eduardo Garrigues López-Chicheri me dio ánimo y buenos consejos cuando intentaba dar mis primeros serios pasos como escritor.

Tengo un elogio especial para José Antonio Gurpegui Palacios, catedrático de Estudios Norteamericanos en el Departamento de Filología Moderna de la Universidad de Alcalá, y director del Instituto Franklin-UAH. Él me motivó a traducir mis memorias del inglés al español, me animó a modificarlas para los lectores de esta edición española, y facilitó su publicación en España.

A todos y cada uno de ellos les debo una profunda gratitud.

¿Qué puedo decir de mi esposa Tere que no se haya expresado ya a lo largo de este libro? Siempre ha sido el viento que impulsa mis velas y mi inspiración diaria. A menudo, cuando me encontraba en días de inercia y baja energía, me animaba a volver al teclado, a veces con suavidad, otras no tanto. Con su dominio de la gramática y la redacción, tanto en inglés como en español, revisó mis escritos para que reflejaran las ideas más cercanas a lo que originalmente imaginé. ¡No podría aspirar a una correctora más meticulosa y perspicaz! Sin su motivación y dedicación, estas memorias solo existirían en los oscuros recovecos de mi mente.